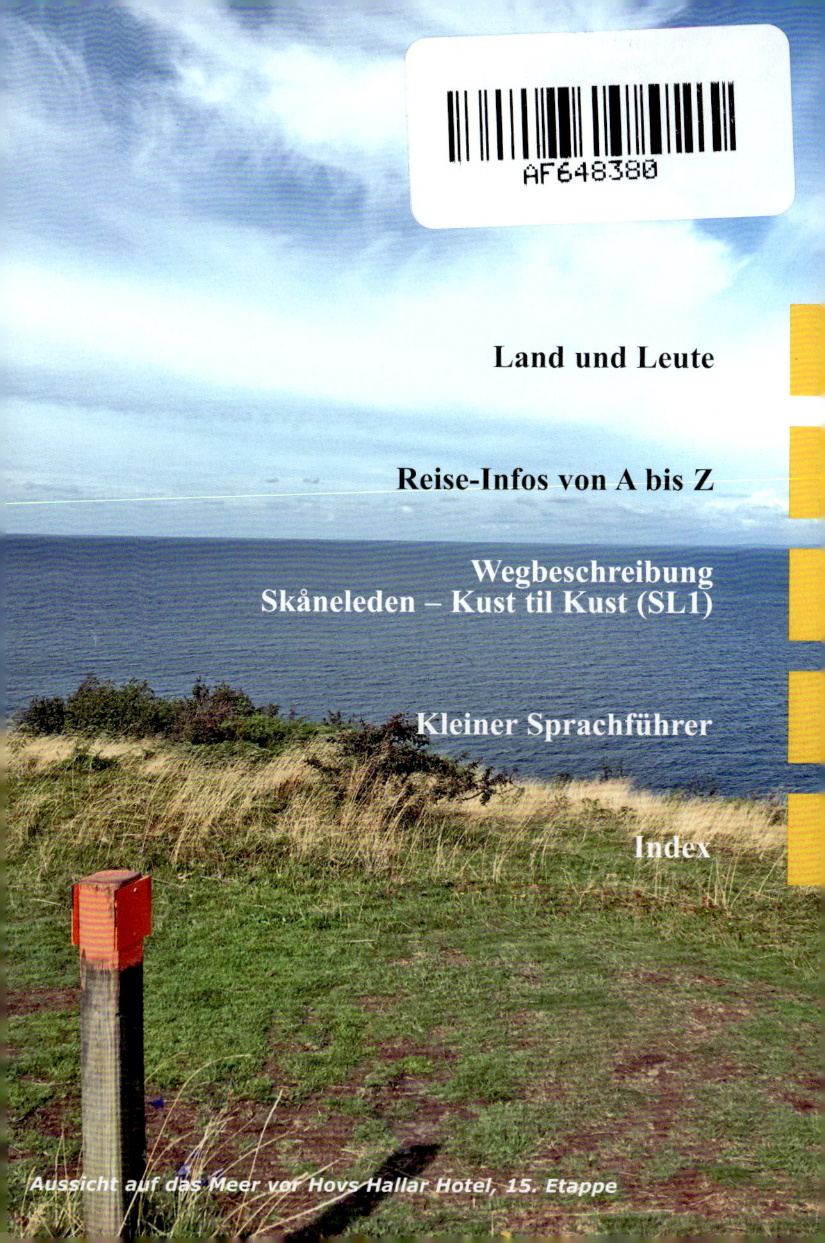

Land und Leute

Reise-Infos von A bis Z

Wegbeschreibung
Skåneleden – Kust til Kust (SL1)

Kleiner Sprachführer

Index

Aussicht auf das Meer vor Hovs Hallar Hotel, 15. Etappe

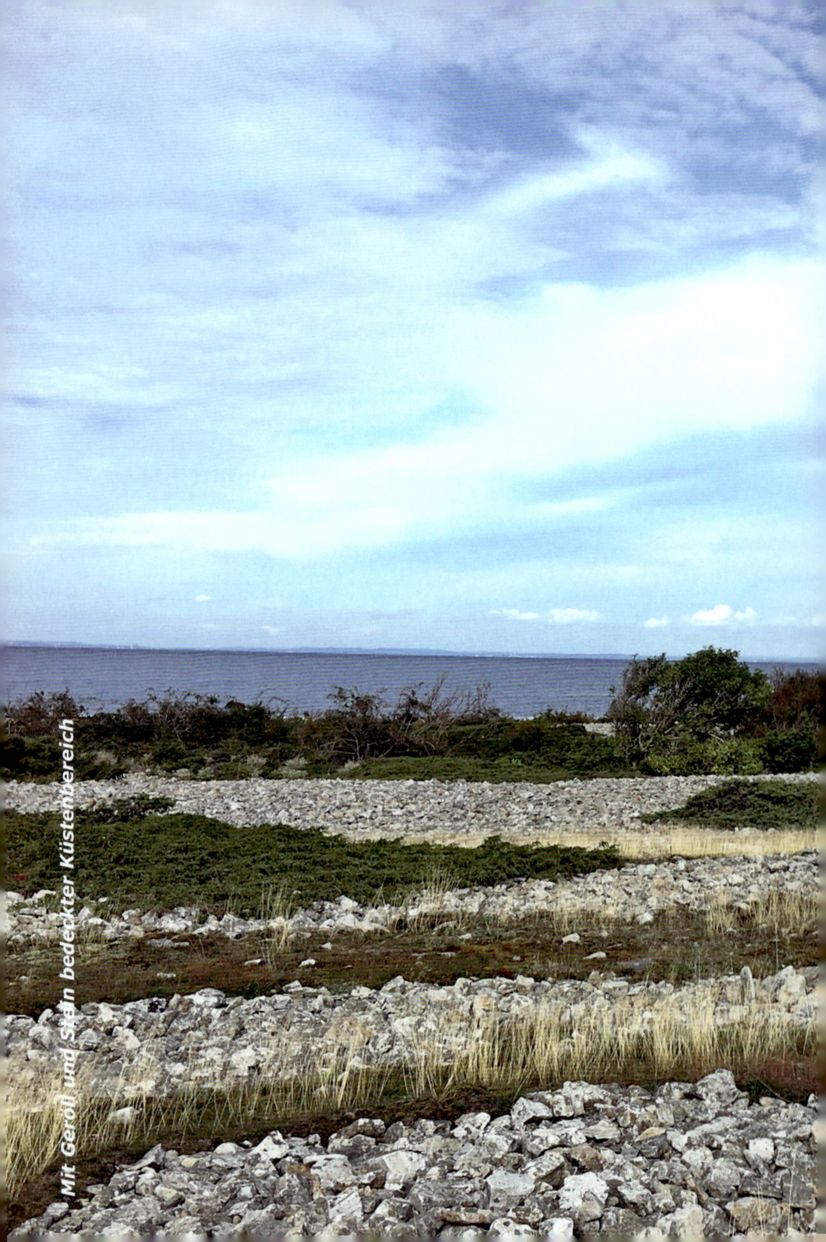

Mit Geröll und Stein bedeckter Küstenbereich

Band 451

OutdoorHandbuch

Elyas Hakemi

Schweden: Skåneleden

Kust til Kust (SL1)

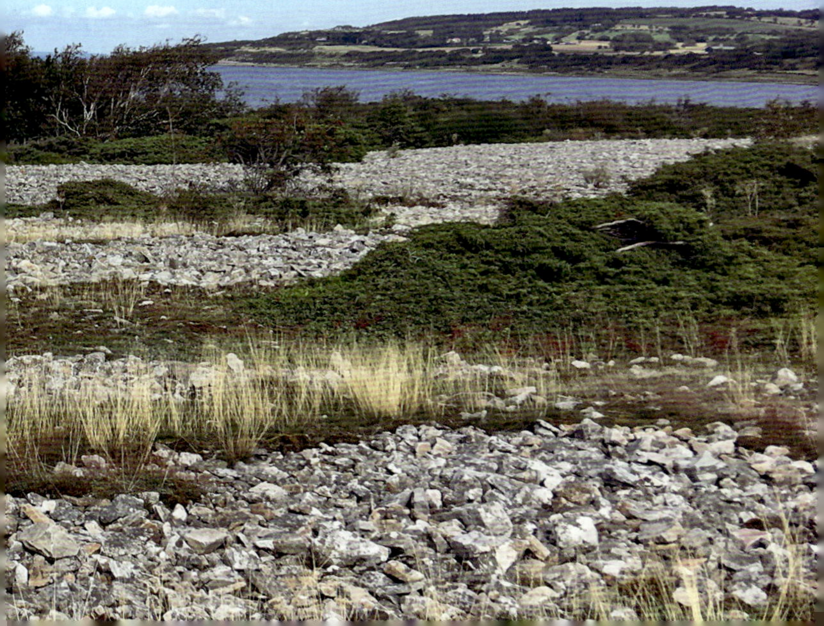

Schweden: Skåneleden

Der Autor und der Verlag sind für Lesertipps und Verbesserungen (besonders per E-Mail) unter Angabe der Auflagen- und Seitennummer dankbar.

Dieses OutdoorHandbuch hat 160 Seiten mit 39 farbigen Abbildungen sowie 22 farbigen Kartenskizzen im Maßstab 1:100.000, 17 farbigen Höhenprofilen und einer farbigen, ausklappbaren Übersichtskarte. Es wurde auf chlorfrei gebleichtem, FSC®-zertifiziertem Papier gedruckt, in Deutschland klimaneutral hergestellt und transportiert und wegen der größeren Strapazierfähigkeit mit PUR-Kleber gebunden.

FSC
www.fsc.org
MIX
Papier aus verantwortungsvollen Quellen
FSC® C009051

Klimaneutral
Druckprodukt
ClimatePartner.com/10951-2007-1005

Dieses Buch ist im Buchhandel und in Outdoor-Läden erhältlich und kann im Internet oder direkt beim Verlag bestellt werden.

OutdoorHandbuch aus der Reihe „Der Weg ist das Ziel", Band 451

ISBN 978-3-86686-639-3 1. Auflage 2020

Text und Fotos: Elyas Hakemi
Karten: Manuela Dastig
Lektorat: Amrei Risse
Layout: Alexandra Sauerland und Manuela Dastig

Gesamtherstellung: gutenberg beuys feindruckerei

Dieses OutdoorHandbuch wurde konzipiert und redaktionell erstellt vom:

Conrad Stein Verlag GmbH, Kiefernstr. 6, 59514 Welver,
☏ 023 84/96 39 12, FAX 023 84/96 39 13,
info@conrad-stein-verlag.de,
www.conrad-stein-verlag.de

Besuchen Sie uns bei Facebook & Instagram:

www.facebook.com/outdoorverlag

www.instagram.com/outdoorverlag

Titelfoto: Steinmännchen am Strand

Inhalt

Einleitung

Vorwort

Warum der Skåneleden – von Küste zu Küste und wozu dieses Buch? Konkreter gefragt: Was zeichnet diese Route aus, für wen ist sie geeignet und wofür brauchen Sie den Wanderführer?

Durch die gut ausgebaute Infrastruktur des ÖPNV ist Skåne, die südlichste Provinz Schwedens, gut per Bus, Bahn, Flugzeug und sogar Fähre erreichbar. Ab Kopenhagen fahren stündlich regionale Züge zum Ausgangspunkt der Route in der Stadt Sölvesborg. Auch entlang des Weges gibt es einige Ortschaften mit Anbindung an den regionalen Schienenverkehr und Busverbindungen, was die Reiseplanung deutlich flexibler macht. Die Region lässt eine spontane, meist kostengünstige und umweltfreundliche An- oder Abreise zu jeder Jahreszeit zu.

In den skandinavischen und einigen wenigen anderen Ländern Europas gilt das Jedermannsrecht. Es bietet allen Naturliebhabern und Outdoorfans die Möglichkeit eines großartigen Erlebnisses und eines intensiven Freiheitsgefühls. Auf dem Weg führen Sie größtenteils ein Selbstversorgerleben und tauchen ganz in die faszinierende Natur ein. Dank eines Netzes aus Naturlagerplätzen mit Wetterschutzhütten entlang des gesamten Weges liegt eine entspannte Reise mit maximaler Flexibilität und hohem Erlebnisfaktor vor Ihnen. Das heißt: keine Reservierungen notwendig, keine hohen Übernachtungskosten und Unabhängigkeit pur. Es erwarten Sie kontrastreiche Landschaften, abgelegene Wälder und Seen, Meer und Strände und kleine Städte entlang Ihres Weges durch die Provinz.

Voraussetzung ist, dass diese Art von Wanderung und die dazugehörigen Herausforderungen Sie ansprechen und Sie bereit sind, sich darauf einzulassen. Sie haben jedoch auch die Möglichkeit, Ihre Etappen individuell zu gestalten und in bewirtschafteten Unterkünften entlang des Weges zu übernachten.

Dieses Buch ist für alle diejenigen geeignet, die aus dem Trubel des Alltags ausbrechen und sich – mit oder ohne die Erfahrung, in der Wildnis zu campieren – in die Natur begeben möchten. Es beinhaltet eine Sammlung nützlicher und interessanter Informationen, die Ihnen bei der Vorbereitung der Reise und auch unterwegs Hilfe leisten wird. Von Angelrute bis Sonnencreme wurden Hintergrundinformationen gesammelt und genaue Wegbeschreibungen und Vorschläge für Abstecher ausgearbeitet, um Ihnen eine angenehme Reise zu ermöglichen. Sie halten das Ticket zu einer neuen, einzigartigen Erfahrung in der Hand.

Skåneleden – von Küste zu Küste (SL1)

Der Skåneleden – von Küste zu Küste (Kust til Kust) ist eine der fünf offiziellen Wanderrouten in Schonen (Skåne Län) und verläuft entlang der östlichen und nördlichen Grenze der Provinz.

Die 280 km lange Strecke zwischen Sölvesborg und Ängelholm ist in 17 Etappen aufgeteilt, die zwischen 9 und 24 km lang sind. Das Abenteuer beginnt an der Ostseeküste auf gut markierten Wegen und Pfaden und verläuft durch endlose Wälder, Naturreservate und Vogelschutzgebiete, vorbei an malerischen Seen, historischen und mythischen Orten bis an die Küste des Kattegats im Westen. Zum Ende der Wanderung hin liegen kilometerlange Sandstrände, hohe Klippen mit rauer Brandung und kleine Fischerdörfer mit feiner Fischküche vor Ihnen.

Die Besonderheit des Weges im Vergleich zu vielen populären Wanderrouten Europas besteht in einem ausgebauten Netzsystem aus Shelterplätzen entlang des Weges mit Auslegung auf naturnahe Erfahrungen.

Danke

Als ich diese Route für mein erstes Buch beim Conrad Stein Verlag vorschlug, waren mir die damit verbundenen Herausforderungen nur teilweise bewusst. Mit dem anfänglichen Optimismus eines neuen Projekts machte ich mich mit Stift und Papier auf den Weg nach Schweden. Nach und nach stellte sich heraus, dass das Gehen des Weges eine der einfacheren Aufgaben des Projektes war. Das ganze Drumherum, von anfänglichen Recherchen bis zur Fertigstellung des Buches, hat immer mehr zum Vorschein gebracht, was mir am Anfang verborgen war.

Dabei durfte ich auf die Unterstützung wunderbarer Menschen zurückgreifen, die mich dieses Projekt mit ihrer Hilfe und ihrem Zuspruch haben realisieren lassen.

Meine besondere Dankbarkeit gilt meiner Freundin, die mir dieses Buch durch ihre unermüdliche Hilfe und ihr Engagement auch während meiner Abwesenheit ermöglicht hat.

Wenn der Weg das Ziel ist, dann waren die Menschen, die mir während meiner Reisen begegnet sind, die Sonne, die mich gewärmt hat. Ich hatte schöne Begegnungen, erlebte Offenheit und aufregende Gespräche bei Lagerfeuer und Tee.

Mein Dank gilt auch Frau Großelohmann für ihre Zusage und dem Conrad-Stein-Team, das mir diese Möglichkeit gegeben und mich dabei unterstützt hat.

Danke an Karin, Tu, Nadia, meine Mama und meinen Papa und viele andere, die mich inspiriert und motiviert haben.

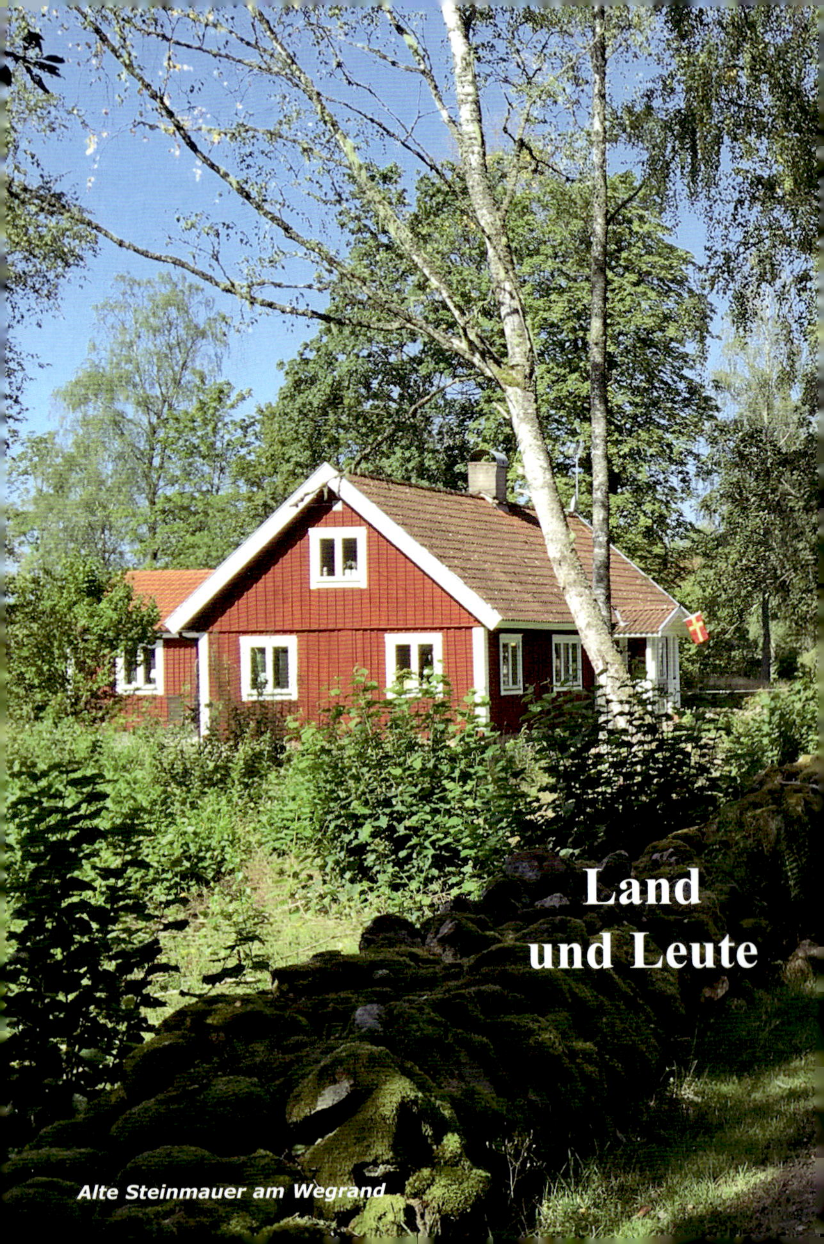

Alte Steinmauer am Wegrand

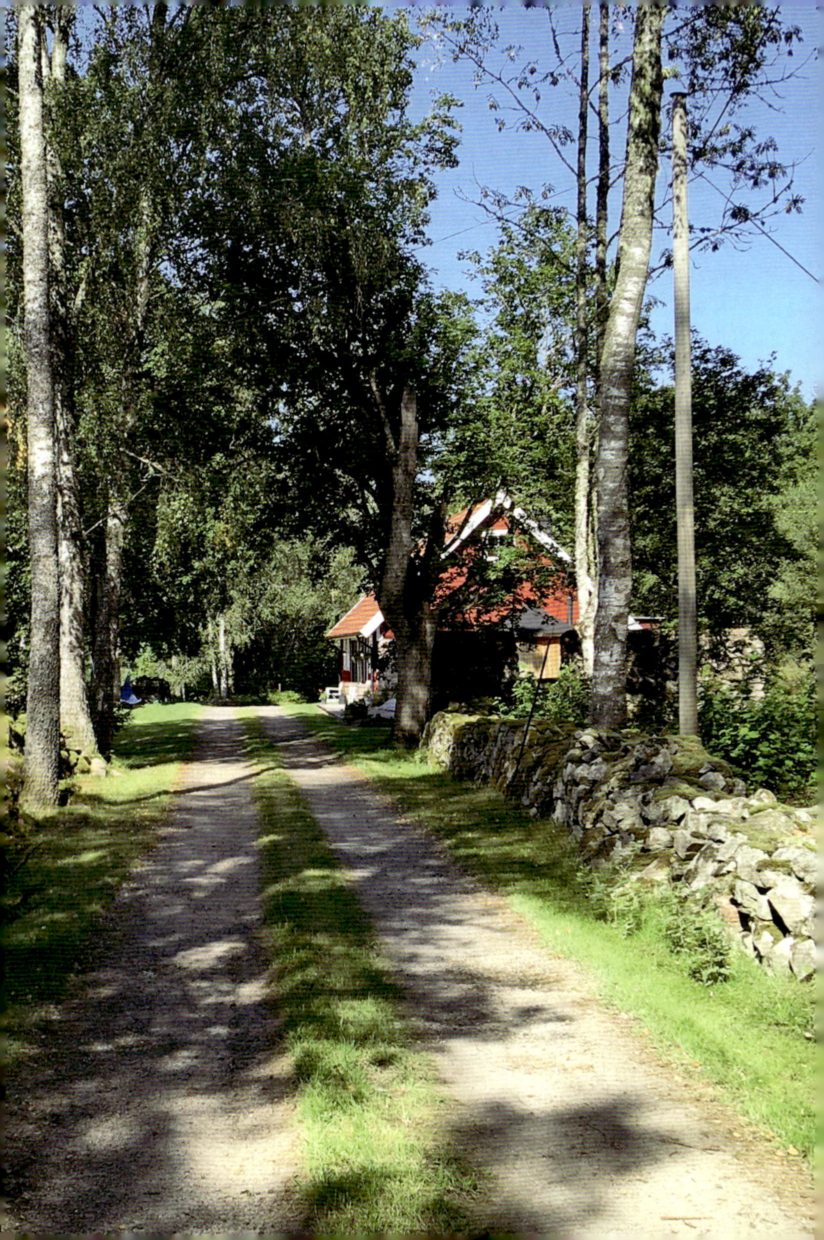

Region Skåne

Die südlichste Provinz Schwedens grenzt im Norden von Ost nach West an die Provinzen Blekinge, Kronoberg und Halland. Die Ostsee im Osten und das Kattegat im Westen bilden die weiten Küstenregionen.
Malmö ist die Hauptstadt der Provinz und liegt im Südwesten. Westlich von Malmö befindet sich die dänische Hauptstadt Kopenhagen. Die beiden Städte sind durch die Öresundbrücke miteinander verbunden.

Skåne ist die Kornkammer von Schweden. Durch Menschen angelegte Getreideäcker und Obstfelder prägen die Provinz vor allem in den mittleren und südlichen Gebieten. Im Norden breiten sich Nadel- und Laubwälder über die Provinzgrenzen hinweg aus.

Geschichte

Die historische Provinz Skåne hat eine spannende Geschichte vorzuweisen. Die Historie der ersten Menschen in Skandinavien ist eng mit der geologischen Entwicklung nach der letzten Eiszeit verknüpft. Während dieser Zeit waren Nordeuropa und andere Gebiete nahe der Erdpole von einer dicken Eisschicht und Gletschern bedeckt. Danach gab das Eis immer mehr Fläche frei, der Meeresspiegel stieg und Tundra und Wälder breiteten sich nach Norden aus. Die Veränderung des Küstenverlaufs und die Überbleibsel der Gletscher sind in verschiedenen Landschaften erkennbar. Manch moosbedecktes Geröllfeld in den Wäldern zeugt von dieser Zeit. Die flache Landschaft in dieser Region erinnert an norddeutsche und dänische Verhältnisse.

Die ersten Menschen aus dem Süden gelangten über eine Landbrücke im heutigen Kattegat von Jütland in die heutige Region Skåne. Vor ca. 6.000 Jahren begannen die Menschen mit dem Getreideanbau. Landwirtschaft auf Ackerflächen und Tierzucht gaben ihnen eine planbare Perspektive zum Überleben. Vor ca. 2.500 Jahren gelang es den Menschen, aus in Sümpfen abgebautem Eisenerz Eisen zu gewinnen und dieses zu Werkzeugen zu verarbeiten.

Im 9. Jh. begann das Zeitalter der Wikinger. Diese Bezeichnung umfasst dabei letztlich keine einheitliche Gruppe, sondern ist vielmehr ein Sammelbegriff für aus Dänemark, Schweden und Norwegen stammende Völker, die vor allem auch aufgrund ihrer seemännischen Fähigkeiten als Erste als Entdecker und Krieger auf den nördlichen Meeren und auch weit darüber hinaus agierten.

Die Christianisierung der Skandinavier begann ebenfalls im 9. Jh. Nach blutigen Auseinandersetzungen übernahmen Schwedens heidnische Völker erst nach Dänemark und Norwegen den christlichen Glauben.

Ab dem 16. Jh. gab es unter anderem um die Region Skåne viele Kriege zwischen den Königreichen Dänemark und Schweden und anderen Mächten im Ostseeraum. Seit dem 17. Jh. gehört die Region zum Königreich Schweden.

Bis Mitte des 19. Jh. dauerten die Unabhängigkeitskriege in Skandinavien zwischen Schweden und Dänemark an. Anfang des 20. Jh. erklärte Norwegen seine Unabhängigkeit von der Union mit Schweden. Ab Anfang des 20. Jh. hat Schweden die Idee des Wohlfahrtsstaats immer weiter entwickelt und eingesetzt.

Sprache

Schwedisch gehört mit Norwegisch, Dänisch, Isländisch und Färöisch zur nordgermanischen Sprachfamilie. Dies ist an der Ähnlichkeit der Sprachen auf der skandinavischen Halbinsel erkennbar.

In den Provinzen Skåne und Halland wird *sydsvenska* (südschwedischer) Dialekt gesprochen. Die historische Zugehörigkeit und die Nähe zu Dänemark hat ihre Spuren in der Sprache hinterlassen. Auf der inoffiziellen Flagge der Provinz mit dem schwedischen gelben Kreuz auf dänischem roten Hintergrund ist dies symbolisch dargestellt.

Die Menschen in Skåne sprechen gut Englisch. Wer sich trotzdem einige Wörter Schwedisch aneignet, zeigt Interesse an den Einwohnern und ihrer Kultur.

Im kleinen Sprachführer (☞ S. 153) sind einige Schlüsselbegriffe aufgelistet.

Religion

Bevor sich der christliche Glaube in Skandinavien ausbreiten konnte, galt der Glaube heidnischen Göttern. Es existieren unzählige Mythen und Sagen aus dieser Zeit, wobei es nur wenige schriftliche Zeugnisse gibt.

Im 11. Jh. wurde Schweden nach blutigen Auseinandersetzungen Teil der christlichen Glaubensgemeinschaft. Wie so oft lebte aber ein Teil der alten Traditionen und Riten neben der neuen Glaubensrichtung weiter.

Flora und Fauna

Mutter Natur beschenkte die Region mit einer großen Artenvielfalt, ermöglicht durch verschiedene Lebensräume vom Meer über die Küsten bis in die Wälder. Das milde skandinavische Klima hat ähnlich dem mitteleuropäischen vier Jahreszeiten und bietet dadurch sowohl für Laubwälder und ihre Bewohner als auch für Nadelwälder gute Bedingungen.

Der Mensch hat die Landschaft über Jahrtausende durch Rodung der Wälder zum Holz- und Landgewinn beeinflusst. Ein gutes Beispiel bieten die Anhöhen des Hallandhöhenzugs. Diese Flächen im Westen der Provinz wurden jahrhundertelang durch Brandrodung zu Graswiesen umstrukturiert und als Viehweiden benutzt. Die Stadt Båstad hat ihren Aufschwung den alten Eichenwäldern zu verdanken, die für den Bootsbau genutzt wurden.

Der Norden der Provinz stellt für Fichten die südliche klimatische Grenze und für Buchen die nördliche Grenze dar. Durch diese Besonderheit sind hier viele Mischwälder entstanden.

Naturreservate werden als Weidefläche genutzt

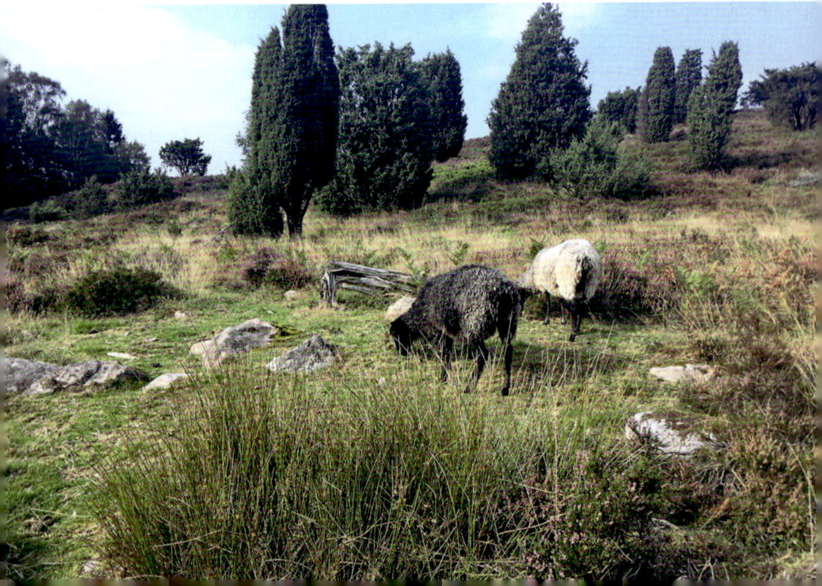

Es kommen einige Feuchtgebiete in Form von Sümpfen in Strand- oder auch Seenähe vor. Zudem gibt es Hochmoore und Feuchtwiesen mit ihrer eigenen Vegetation.

Der Tierwelt stehen durch die vielseitige Umgebung ebenfalls unterschiedliche Lebensräume zur Verfügung. Wildschweine, Rehe und Füchse sind in den tiefen Wäldern zu Hause. Die Vogelwelt wird einerseits durch einheimische Vogelarten und andererseits durch Zugvögel bestimmt, von den kleinen Wintergoldhähnchen bis zu prächtigen Fischadlern und großen Möwen.

Neben der Landschaft nimmt allerdings auch der Mensch bewusst und unbewusst Einfluss auf das Leben der tierischen Bewohner. Die Nebenwirkungen von DDT beispielsweise, einem Mitte des letzten Jahrhunderts großflächig eingesetzten und mittlerweile vom Markt genommenen Insektizid, stellten eine große Gefahr für das Vogelleben dar. Durch weitreichende Verbote und andere Maßnahmen wie die Einrichtung neuer Naturschutzgebiete erholten sich die Vogelbestände. Der Klimawandel verschiebt die Grenzen der Habitate ebenfalls. Starke Stürme und die Änderung der Temperaturen beeinflussen direkt und indirekt die Lebensräume der Vogelarten.

Der Fischfang ist im Leben der Skandinavier traditionell verankert. Je nach See- bzw. Küstengebiet kommen verschiedene Arten vor. Hechte, Barsche und Forellen sind in den Binnenseen reichlich vorhanden.

Je nach Jahreszeit können Sie außerdem mit dem vermehrten Vorkommen von kleinen Vampiren in den Wäldern rechnen. Milde Winter und feuchte und warme Sommer sind günstige Faktoren für die Entwicklung ganzer Armeen von Mücken und Zecken in den Wäldern und in der Nähe von Feuchtgebieten und Seen. Diese Plage kann in den Sommermonaten für einige Unannehmlichkeiten sorgen. In Küstennähe ist dies durch die Winde erträglicher.

Es kommt vor, dass auch größere Raubtiere durch die Wälder nach Süden ziehen. Wölfe, Bären und Luchse sind jedoch im Süden von Schweden sehr selten. Diese Tiere sind außerdem meist menschenscheu und halten sich fern.

Reise-Infos von A bis Z

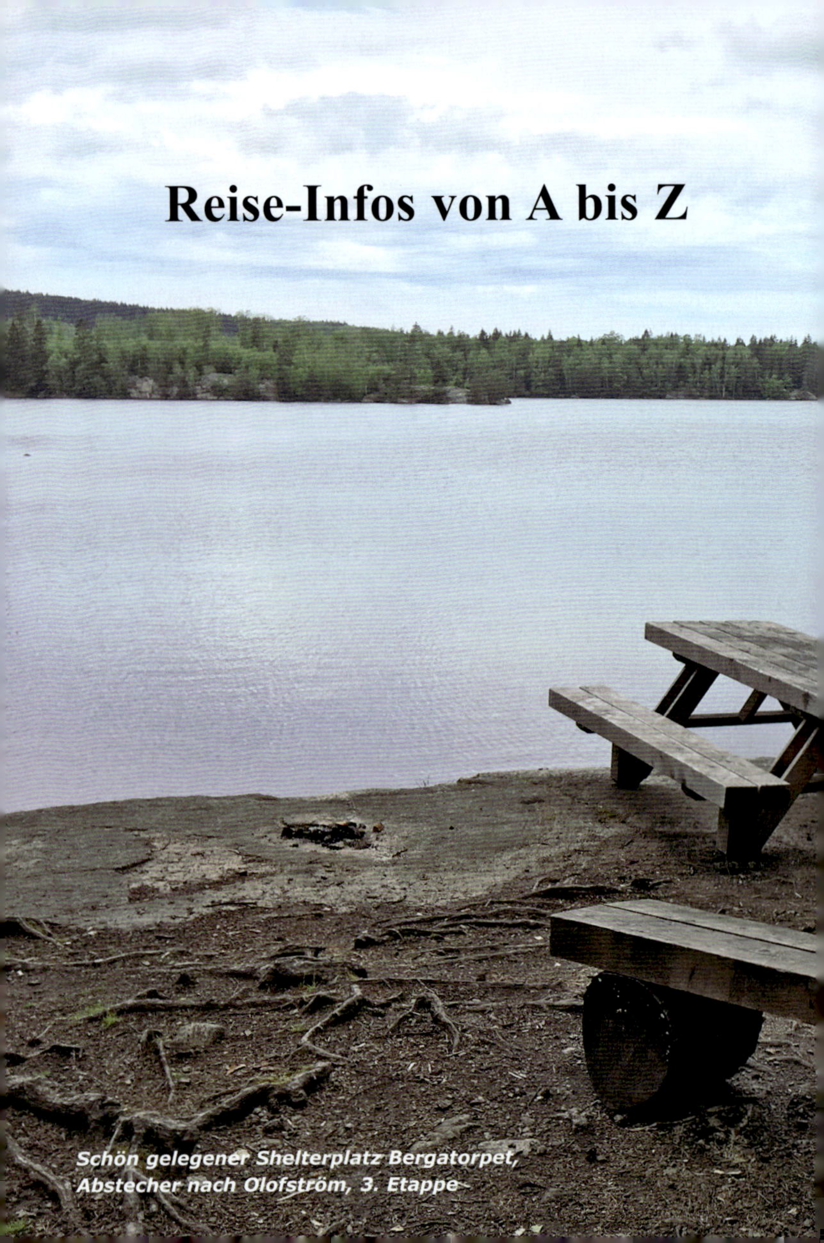

Schön gelegener Shelterplatz Bergatorpet, Abstecher nach Olofström, 3. Etappe

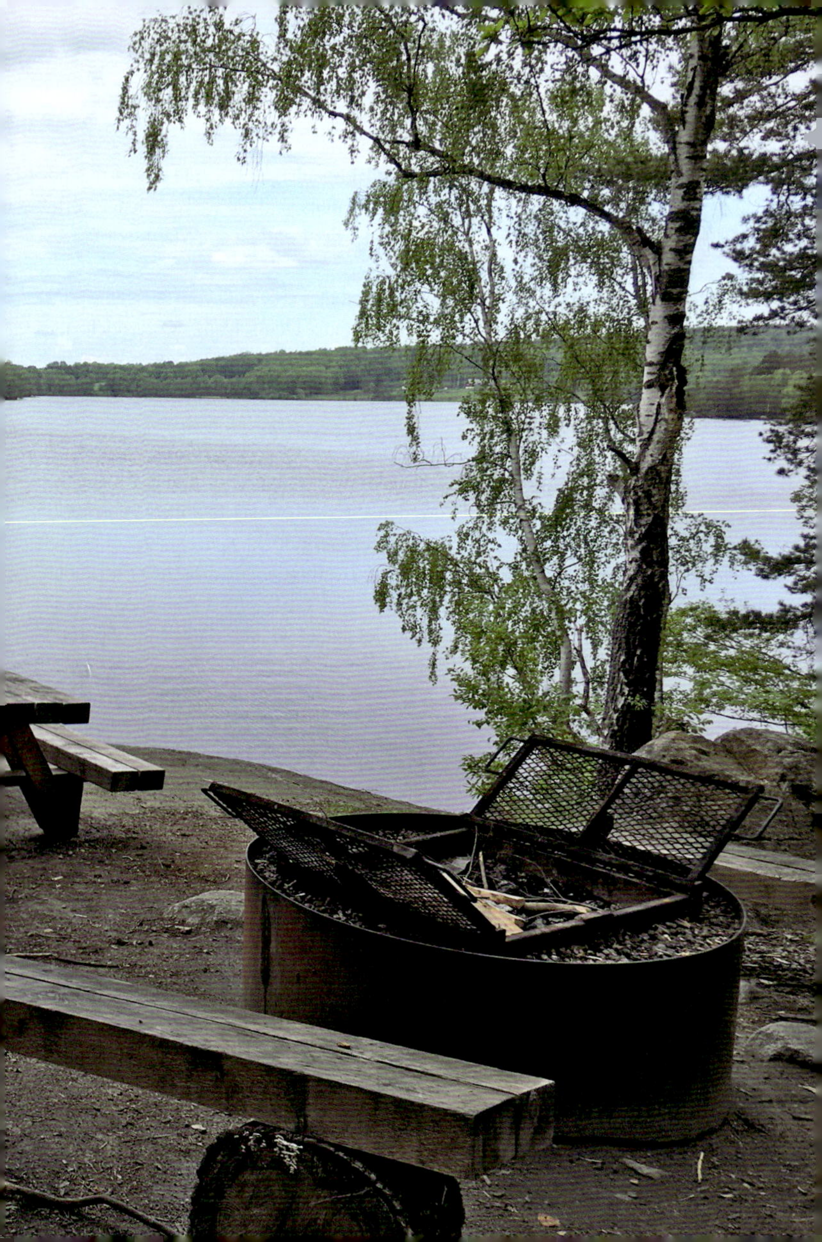

An- und Abreise

Die Nähe zu den Metropolen Malmö und Kopenhagen und die hervorragende Zuganbindung der südlichsten Provinz Schwedens sind ein willkommener Vorteil bei der An- und Abreise. Der Ausgangspunkt der Route liegt in der Stadt Sölvesborg in der Provinz Blekinge.

Die Wahl des Reisemittels sollte individuell und abhängig vom Ausgangspunkt der Reise getroffen werden. Bei der Anreise aus Deutschland, Österreich oder der Schweiz empfehle ich, Kopenhagen als Zwischenstation auf dem Weg nach Sölvesborg anzupeilen. Von dort gibt es gute regionale Zugverbindungen nach Sölvesborg (☞ unten).

Eine Fahrt mit dem Zug stellt eine komfortable und flexible Möglichkeit zum Reisen von und nach Südschweden dar. Durch das Bahnnetz der Region Skåne erreichen Sie Sölvesborg unkompliziert aus Kopenhagen, Malmö oder Trelleborg. Außerdem gibt es schnelle Nord-Süd-Verbindungen zwischen Stockholm, Lund und Malmö.

Die Deutsche Bahn (💻 www.bahn.de) bietet in der Kategorie „Sparpreis Europa" günstige Zugtickets nach Schweden an.

▷ Von Hamburg nach Kopenhagen: Die Hansestadt bietet sich aufgrund der regelmäßigen Verbindungen nach Norden über Land oder per Fähre als Ausgangsbahnhof in Deutschland an. Täglich fahren zwei bis drei Eurocity-Züge von Hamburg über die Insel Fehmarn per Fähre nach Kopenhagen. Die Direktverbindung zwischen Hamburg und Kopenhagen dauert knapp 5 Std. Die Fährkosten sind im Ticket inbegriffen.

✋ Ab Ende 2019 finden auf dänischer Seite Gleisbauarbeiten zwischen Rødby und Kopenhagen statt. Auf absehbare Zeit werden die Züge über die Strecke Hamburg – Flensburg – Odense umgeleitet. Ob es weiterhin Direktverbindungen zwischen Hamburg und Kopenhagen geben wird, war bei Redaktionsschluss noch nicht geklärt.

▷ Von Kopenhagen/Malmö nach Sölvesborg: Ab Kopenhagen fahren stündlich Direktzüge vom Hauptbahnhof in Richtung Karlskrona über den Flughafen Kopenhagen, Malmö und Lund nach Sölvesborg. Die Fahrt dauert vom Hauptbahnhof in Kopenhagen bis Sölvesborg etwas mehr als 2 Std.

▷ Von Trelleborg im Süden der Provinz erreichen Sie Sölvesborg mit einem Umstieg in Lund. Die Reise dauert etwa 2,5 Std.

▷ Aus Göteborg finden Sie Zugverbindungen unter anderem über Lund nach Sölvesborg. Die Fahrt dauert zwischen 4 und 5 Std.

Auch das Reisen mit dem Bus ist eine günstige und heutzutage unkomplizierte und flexible Möglichkeit, um zum Ziel zu gelangen. Hier kann empfohlen werden, mit dem Bus nach Kopenhagen oder Malmö zu reisen und von dort mit dem Zug nach Sölvesborg weiterzufahren. (Die Weiterfahrt mit dem Bus ist nicht zu empfehlen.) Sowohl die Deutsche Bahn AG als auch andere Anbieter wie Flixbus haben Busfahrten über Land oder per Fähre nach Kopenhagen im Programm.

Flixbus bietet ein ausgedehntes europäisches Busnetz mit bundesweiten direkten und indirekten Verbindungen nach Kopenhagen, Malmö, Lund und auch Stockholm an. Für Tickets und weitere Informationen besuchen Sie www.flixbus.de.

Das Reisen per Flugzeug ist eine gute Alternative, um relativ komfortabel und schnell aus dem Süden Deutschlands, Österreich oder der Schweiz nach Skandinavien zu gelangen. Die Stadt Sölvesborg hat keinen Personenflughafen. Wenn Sie mit dem Flugzeug in die Region gelangen möchten, sind Flüge nach Kopenhagen die sinnvollste Möglichkeit. Als Alternativen sind Stockholm und Malmö denkbar.

▷ Kopenhagen: Einer der größten Flughäfen in Nordeuropa bietet Direktflüge von und zu folgenden deutschen Städten an: Berlin, Düsseldorf, Frankfurt a. M., Hamburg, Hannover, Köln/Bonn, München, Stuttgart. In Österreich und der Schweiz sind Genf, Wien, Basel und Zürich durch Direktflüge mit Kopenhagen verbunden.

▷ Stockholm: Alternativ könnte der Flughafen Stockholm ebenfalls interessant werden. Von dort gibt es Flüge zu regionalen und eher kleineren Flughäfen wie Malmö, Ängelholm-Helsingborg und Kristianstad. Nach Deutschland gibt es Direktflüge von und nach Berlin, Düsseldorf, Frankfurt, Hamburg, Köln/Bonn und München. Direktflüge von Österreich und der Schweiz starten in Wien, Salzburg, Genf und Zürich.

▷ Malmö: Als Regionalflughafen bietet Malmö keine Direktverbindungen nach Deutschland an. Es gibt aber Inlandsflüge ab Stockholm.

Sowohl mit dem Auto als auch nur mit dem Rucksack auf dem Rücken stellen die Fährverbindungen von mehreren norddeutschen Häfen eine alternative Reisemöglichkeit dar. Die Überfahrtdauer und -kosten können je nach Saison unterschiedlich sein.

Mit den Fähren von **Stena Line** kommen Sie von den Häfen Kiel und Rostock auf der Insel Rügen über die unten stehenden Routen nach Schweden. Tickets und weitere Informationen finden Sie unter www.stenaline.de.

Folgende Routen werden von Stena Line angeboten:

▷ Rostock – Trelleborg: Mehrfach täglich pendeln Fähren zwischen den beiden Häfen. Die Fahrt dauert 6 bis 7 Std. Der Hafen von Trelleborg befindet sich direkt neben dem Zugbahnhof in der Stadt.

▷ Sassnitz – Trelleborg: Diese Route ist aufgrund der Corona Pandemie derzeit leider geschlossen.

▷ Kiel – Göteborg: Es gibt tägliche Verbindungen zwischen beiden Häfen. Die Fähren verkehren normalerweise über Nacht, d. h., Sie fahren nachmittags los und kommen am nächsten Morgen in Göteborg an.

TT-Line bietet ebenfalls Fährverbindungen nach Trelleborg an. (Die Fähren machen am selben Hafen fest wie die Fähren von Stena Line.) Tickets und Informationen finden Sie unter www.ttline.com.

Folgende Verbindungen werden angeboten:

▷ Travemünde – Trelleborg: Es gibt täglich ein bis zwei Verbindungen.

▷ Rostock – Trelleborg: Es gibt ebenfalls wenige Verbindungen pro Tag.

Scandlines bietet Fährverbindungen nach Dänemark an. Informationen erhalten Sie unter www.scandlines.de.

▷ Puttgarden auf Fehmarn – Rødby: Bei dieser Strecke handelt es sich um eine hoch frequentierte Verbindung, die Fähren verkehren täglich bis zu zweimal pro Stunde. Die Fahrt dauert 45 Min.

▷ Rostock – Gedser: Diese Strecke wird bis zu 10-mal pro Tag bedient. Die Fahrt dauert knapp 2 Std.

Auch eine Anreise mit **Finnlines** nach Schweden ist möglich. Informationen erhalten Sie unter www.finnlines.com/de.

▷ Travemünde – Malmö: In knapp 9 Std. kommen Sie mit einer der bis zu 19 Überfahrten in der Woche nach Schweden. Der Passagierhafen von Malmö ist durch die Buslinie 32 mit dem Zugbahnhof und dem Stadtzentrum der Stadt verbunden.

Wer trotz dieser Möglichkeiten mit dem Auto reisen möchte, hat verschiedene Möglichkeiten, um nach Südschweden bzw. Sölvesborg zu kommen. Auf der Autobahn müssen Sie sich beim Passieren mancher Brücken in Dänemark auf Mautgebühren gefasst machen.

Auf der A7/E45 könnten Sie über Flensburg und Fredericia und auf der E20 über die Storebæltbrücke nach Kopenhagen fahren. Von dort führt die E20 über die Öresundbrücke nach Malmö und damit nach Südschweden. Ab Malmö kommen Sie auf der E22 über Lund und Kristianstad nach Sölvesborg.

Die oben genannten Fährverbindungen stellen eine gute Möglichkeit dar, die Fahrt zu verkürzen.

Ausrüstung

Ich gehe hier auf die Besonderheiten der Route ein, um Ihnen bei der Zusammenstellung der Ausrüstung zu helfen. Vorab möchte ich darauf hinweisen, dass momentan Ausweiskontrollen an den Grenzen zwischen Deutschland, Dänemark und Schweden stattfinden. Denken Sie also an Ihren Reisepass oder Ihren Personalausweis!

Wer schon einmal zu mehrtägigen Wanderungen oder anderen Outdooraktivitäten aufgebrochen ist, hat eine gewisse Basisausrüstung. Perfekt! Was sich bisher bewährt hat, empfiehlt sich weiterhin. Die „richtige" Wahl hängt natürlich von Ihren individuellen Bedürfnissen und Wünschen, aber auch von der Reisezeit und den Gegebenheiten vor Ort ab. Sie werden nicht darum herumkommen, einige Tage ein Selbstversorgerleben zu führen.

Grundsätzlich empfehle ich, wasserfeste Ausrüstung und Bekleidung mitzunehmen.

☐ Eingelaufenes Schuhwerk: Sowohl die Nässe eines Regentages als auch der Morgentau auf den Wiesen und im Wald machen wasserfeste Schuhe unbedingt notwendig. Aus eigener Erfahrung kann ich keine Gore-Tex-

Schuhe ohne Imprägnierung empfehlen. Der ständige Kontakt mit Wasser, Staub und Schmutz können dieses Material durchlässig machen. Ein rutschfestes und etwas härteres Profil hat sich aufgrund der unterschiedlichen Wegbeschaffenheiten – vom Waldweg über groben Schotter bis hin zu Sand – bewährt.

☺ Spikes für Schuhe im Winter sind als Überzieher im Handel erhältlich. Durch den Bodenfrost im Winter können Teilstrecken auf Stegen und Waldwegen sehr rutschig sein. Durch Spikes verbessern Sie auf gefrorenem Boden Ihre Trittsicherheit.

☐ Rucksack, unbedingt mit Hüft- und Schultergurt. Da Sie zusätzlich zu Ihrer Ausrüstung Proviant für bis zu vier Tage mitnehmen müssen, sollte die Last so komfortabel wie möglich zu tragen sein.

☐ Kleidung: Sie können hier das bewährte Zwiebelprinzip anwenden. Tragen Sie mehrere Schichten unterschiedlicher Kleidung übereinander, um von den jeweiligen Eigenschaften zu profitieren. Eine winddichte Jacke und Mütze können das Beobachten von Vögeln am Strand in den frühen Morgenstunden angenehm machen. In den Sommermonaten ist Badekleidung ein unverzichtbarer Luxus.

☐ Regenschutz in Form von wasserdichter Bekleidung oder Regenponcho

Besonders wichtig ist ein kleines Medizinset:

☐ Persönliche Medikamente

☐ Zeckenschutz: Denken Sie an eine kleine Pinzette zum Entfernen und Desinfektionslösung zur Wundbehandlung. Ein kleiner Spiegel kann hilfreich sein, wenn Sie alleine reisen.

☐ Mückenschutz: Es gibt einige Produkte in der Form eines Sprays, was das Auftragen erleichtert. Reagieren Sie für gewöhnlich stärker auf Insektenstiche, empfehle ich unbedingt eine Creme auf Kortisonbasis. ☞ Mücken, Zecken und andere Tiere

☐ Sonnenschutz: Es gibt gute Gründe für das Mitnehmen einer Sonnencreme und eines Hutes. Sie wandern über einige offene Wiesen und Straßen. Der Abschnitt von Båstad nach Ängelholm verläuft vorwiegend über strandnahe Wege und bietet meist nur wenig Schutz durch die umstehenden Bäume.

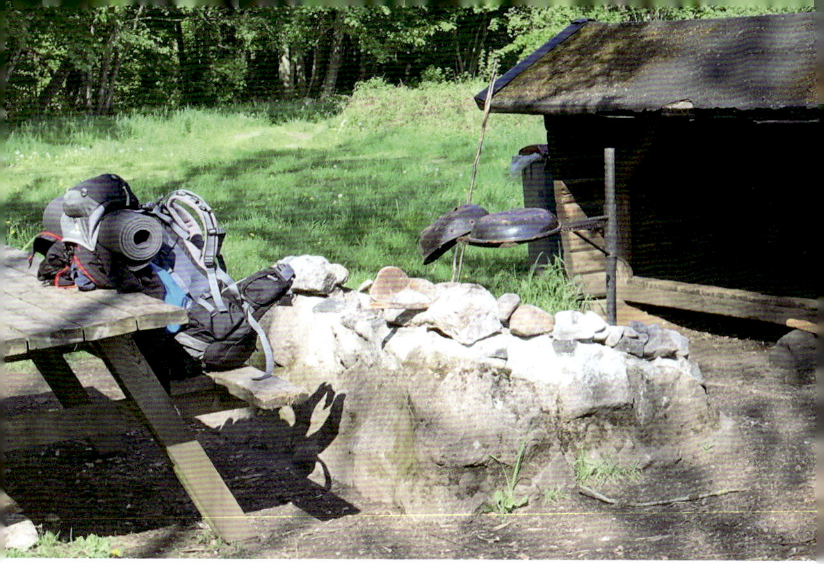

Eine gute Austüstung ist unverzichtbar, Shelterplatz Östafors, 2. Etappe

Da Sie vorwiegend auf abgelegenen Wegen und Pfaden unterwegs sind, ist es wichtig, sich bei kleineren Unfällen selbst helfen zu können. Nehmen Sie deshalb auch ein kleines Erste-Hilfe-Set mit.

- ☐ Rettungsdecke: Sie ist vielseitig einsetzbar und schützt sowohl vor Wind und Regen als auch vor Kälte oder Hitze.
- ☐ Pflaster für kleine Wunden und spezielle Pflaster für Druckstellen und Blasen an den Füßen
- ☐ Desinfektionstücher oder -spray zur Reinigung von Wunden

Für den Abend und für das Campieren an vielen Seen unterwegs (☞ Jedermannsrecht) benötigen Sie eine gewisse Grundausstattung.

- ☐ Zelt oder Biwaksack: Der Skåneleden ist für die Menschen aus der Region ein beliebter Wanderweg. Besonders an den Wochenenden und in den Sommermonaten kann es sein, dass an den Shelterplätzen nicht genug Platz vorhanden ist. Die Shelter in der Nähe von Siedlungen werden auch von den Einheimischen genutzt. Daher ist es empfehlenswert, in der warmen Jahreszeit eine eigene Schlafmöglichkeit mitzunehmen.

- ☐ Isomatte: Die Dicke der Isolation entscheidet über Wärmeverlust und Komfort. Neben den klassischen Möglichkeiten werden seit einigen Jahren auch leichte, aufblasbare Isomatten auf dem Markt angeboten.
- ☐ Schlafsack: Die Reisezeit sowie die nächtlichen Temperaturen sollten bei der Wahl des Schlafsacks berücksichtigt werden. ☞ Klima und Reisezeit
- ☐ Wasserfilter oder Wasserdesinfektionstabletten: Auf manchen Etappen können Sie aus Flüssen und Seen Trinkwasser gewinnen und einiges an Gewicht einsparen. ☞ Trinkwasser

Weiterhin empfehle ich, die Gegenstände auf der folgenden Liste in Erwägung zu ziehen:

- ☐ Kleines Kochset: Geschirr, Besteck und evtl. ein Kocher (besonders wichtig im Winter!)
- ☐ Feuerstarter und Feuerzeug
- ☐ Powerbank, falls Sie auf Ihre mobilen Geräte angewiesen sind. ☞ Elektrizität
- ☐ Angelrute: Zum Angeln bieten sich sowohl die Seen auf dem Weg als auch der Strand an. ☞ Fischen und Angelschein
- ☐ Lichtquelle: Eine Stirn- oder Taschenlampe kann in der Dämmerung nützlich sein
- ☐ Biologisch abbaubare Seifen: Für die tägliche Hygiene dienen sie unterwegs als Alternative zu den herkömmlichen Waschmitteln.
- ☐ Eine kleine Blumenkelle: Last but not least zeugt es von einer guten Einstellung, die eigenen Hinterlassenschaften zu verbuddeln.

Diplomatische Vertretungen

(D) Botschaft der Bundesrepublik Deutschland in Schweden, Skarpögatan 9, 115 27 Stockholm, ☏ 08/670 15 00, ✉ info@stockholm.diplo.de, 💻 www.stockholm.diplo.de, 🚪 Mo-Do 8:00-16:00, Fr 8:00-14:30

(CH) Schweizerische Botschaft in Schweden/Swiss Embassy, Valhallavogen 64, 114 27 Stockholm, ☏ 08/676 79 00, ✉ stockholm@eda.admin.ch, 💻 www.eda.admin.ch/stockholm

(A) Österreichische Botschaft in Schweden, Kommendörsgatan 35/V, 114 58 Stockholm, ☏ 08/665 17 70, 💻 www.bmeia.gv.at/oeb-stockholm, 🚪 Mo-Mi, Termine nur nach Vereinbarung

Einkaufen

Bis auf zwei Etappenabschnitte ist die Route mit Supermärkten mit vergleichbaren Preisen wie in Deutschland abgedeckt. Allgemein finden Sie in der Provinz Skåne ein Lebensmittelangebot ähnlich wie in Deutschland, Österreich oder der Schweiz. Je nach Ort variieren die Größe und das Angebot der Supermärkte.

Unten sehen Sie eine Auflistung der Orte, wo mindestens eine Einkaufsmöglichkeit vorhanden ist. Die Kilometerzahl gibt die Entfernung zum nächsten Supermarkt an.

Sölvesborg (25 km) ➔ Näsum (25 km) ➔ Olofström (60 km) ➔ Glimåkra (18 km) ➔ Osby (36 km) ➔ Vittsjö (39 km) ➔ Örkelljunga (24 km) ➔ Våxtorp (6 km von der Route entfernt!) (31 km) ➔ Båstad (25 km) ➔ Torekov (33 km) ➔ Ängelholm

Die Supermärkte haben das ganze Jahr und auch sonntags geöffnet. Die Öffnungszeiten entnehmen Sie bitte den Informationen über die jeweilige Etappe.

Elektrizität

In Schweden finden Sie Steckdosen vom Typ F. Die Netzspannung für den Strom aus der Steckdose beträgt 230 V mit einer 50-Hz-Frequenz und entspricht den typischen Bedingungen der europäischen Stromnetze.

Reisende aus Deutschland und Österreich benötigen keinen Adapter. Reisende aus der Schweiz kennen wahrscheinlich den benötigten Adapter, um ihren Stecker vom Typ J in Typ-F-Steckdosen benutzen zu können.

Wie in den Kapiteln ☞ Etappenübersicht und alternative Etappenplanung und ☞ Einkaufen beschrieben werden Sie auf der Wanderung während mehrerer Etappen keinen Zugang zu einer Unterkunft oder einem Supermarkt haben.

Daher empfiehlt es sich, eine Powerbank mit entsprechender Kapazität mitzunehmen, die Sie unterwegs während Ihres Aufenthaltes in Unterkünften, Bahnhöfen und Restaurants aufladen können.

Essen und Trinken

Die Region bietet durch das milde Klima, die vielen Seen, das Meer sowie die fruchtbaren Äcker und Obstfelder und traditionelle Landwirtschaft seit Langem eine vielfältige und nahrhafte Küche. Es gibt Unterschiede zwischen Land- und Küstengebieten. Ein in der Region typisches Brot ist dem uns bekannten Knäckebrot ähnlich und wird traditionell in Holzöfen gebacken. Übrigens: An den Häfen auf dem Weg zwischen Båstad und Ängelholm finden Sie meist eine Auswahl an hervorragenden Fischküchen.

Hausmannskost aus Skåne

- Äggakaka: Der fluffige Eierkuchen wird süß oder herzhaft serviert.
- Smörgås: Das üppig belegte Butterbrot ist weitverbreitet. Die Brotzeit wird regional unterschiedlich ausgelegt. Von Shrimps und Heringen bis Apfel und Spinat wird unterschiedlich belegt.
- Pytt i Panna: Hierbei handelt es sich um klein gewürfelte und angebratene Kartoffeln und Fleisch mit Ei.
- Wein: Ich war selbst überrascht, als ich während meiner Recherche über die Weinstraße Schwedens in Skåne las. Tatsächlich gibt es einige Winzer entlang der südlichen Küstenregion und auf dem Land. Auch in Vejbystrand finden Sie einen Weingarten mit eigenen Weinsorten (☞ Etappe 17).
- Bier: Es gibt einige kleine Brauereien, die lokale Berühmtheit erlangt haben, z. B. die Klackabacken-Brauerei mit ihrem herben und leichten Bier in Flaschen mit eigenartigen Etiketten oder die Malmö-Brauerei, die ebenfalls Bier mit dem gewissen Etwas in schwarzen Flaschen anbietet.

Etappenübersicht und alternative Etappenplanung

Etappenübersicht

Das Netzwerk der Wanderwege in Skåne ist auf Übernachtungsmöglichkeiten an Shelterplätzen ausgelegt (☞ Shelterplätze). Solche Plätze zur Übernachtung im Freien stehen in moderaten und kurzen Abständen zur Verfügung. Die Etappen des Skåneleden beginnen und enden auf dem gesamten Weg an solchen Naturlagerplätzen.

1. Sölvesborg – Grundsjön (14,2 km): Die Route beginnt am Bahnhof von Sölvesborg, nahe der Bucht von Sölvesborg. Ziel ist der Shelterplatz in der Nähe des Sees Grundsjön.
2. Grundsjön – Östafors (16,1 km): Auf dem Weg haben Sie die Möglichkeit, die 2 km vom Weg entfernte Kleinstadt Näsum zu besuchen. Am Ziel finden Sie den Shelterplatz am Fluss Holjeån.
3. Östafors – Brotorpet (22,2 km): Ihnen stehen unterwegs mehrere Shelterplätze zur Verfügung und Sie können die Etappe leicht individuell anpassen. Sie können auch über einen 12 km langen Abstecher nach Olofström nachdenken. Sie übernachten direkt am Ufer des Sees Immeln.
4. Brotorpet – Vesslarp (12,7 km): der Shelterplatz Vesslarp liegt direkt an einem Fluss.
5. Vesslarp – Glimåkra (18,8 km): Am Ende der Etappe wartet ein nahe der Stadt gelegener Shelterplatz auf einer Anhöhe.
6. Glimåkra – Osby (16,4 km): Sie übernachten nahe der Stadt Osby am See Osbysjön. Die Stadt bietet einige Möglichkeiten zum Übernachten und Einkaufen.
7. Osby – Verum (23,9 km): Das Ziel liegt an einem ruhigen Platz zwischen Feldern und Naturschutzgebiet. Wasser finden Sie kurz vor dem Ziel am Friedhof von Verum.
8. Verum – Ubbalt (8,9 km): Der Shelterplatz liegt idyllisch am See Vittsjön im Naturreservat Ubbalt.
9. Ubbalt – Vittsjö – Hårsjö (11,2 km): Sie kommen auf dem Weg durch die Stadt Vittsjö. Der Shelterplatz befindet sich in der Nähe des Sees Härsjön.
10. Hårsjö – Lärkesholm (19,7 km): Das Ziel liegt direkt am See Lärkesholmssjön. Hier haben Sie ebenfalls die Möglichkeit, einen Abstecher zu der historischen Stadt Örkelljunga zu unternehmen.
11. Lärkesholm – Bjärabyget (12,3 km): Die kurze Etappe mit einigen Höhenmetern bietet vielfältige Landschaften. Das Ziel mit einem Wasserbrunnen befindet sich an einem ruhigen Platz.
12. Bjärabyget – Koarp (17,4 km): Die Etappe verläuft durch Wälder und teilweise auf wenig befahrenen Nebenstraßen. Das Ziel bietet zwei Schlafplätze kurz hinter dem kleinen Ort Koarp.
13. Koarp – Brammarp (17,8 km): Am Ziel finden Sie einen kleinen Bach.

14. Brammarp – Båstad (11,8 km): In Båstad erreichen Sie die Küste.
15. Båstad – Torekov (23,9 km): Ein ungewohntes Landschaftsbild tut sich auf: Raue Klippen und herrliche Aussichtspunkte erwarten Sie auf dieser Etappe. Der Shelterplatz befindet sich in der Nähe von Torekov und dem Strand.
16. Torekov – Gryteskär (Vejbystrand) (16,8 km): Der Shelterplatz am Ziel befindet sich unweit vom Strand.
17. Gryteskär – Ängelholm (16,5 km): Am Ende der Route liegt die schöne Stadt Ängelholm.

Alternative Etappenplanung

Auf dieser Tour müssen Sie nicht immer auf den Komfort eines warmen Bettes verzichten. Es gibt einige Übernachtungsmöglichkeiten auf Campingplätzen sowie in Hotels oder Bed&Breakfasts. Leider ist es aber nicht möglich, für alle Etappen eine Unterkunft anzubieten. Daher sind die regulären Etappen von Shelter zu Shelter geplant worden. Auf dem Abschnitt zwischen Olofström und Glimåkra gibt es über 56 km kein bewirtschaftetes Gasthaus am Weg! Einzig die 6 km entfernte Stadt Våxtorp in der Nähe des Shelterplatzes in Koarp bietet einige **Übernachtungsmöglichkeiten**.

Bei Pensionen oder privaten Unterkünften ist es **immer** notwendig, sich vorher mit den Gastgebern abzusprechen, um die Verfügbarkeit zu prüfen.

Die folgende Liste soll dabei helfen, auch alternative Übernachtungsmöglichkeiten – sofern vorhanden – in Betracht zu ziehen. Die Unterkünfte sind in der jeweiligen regulären Etappe beschrieben und auf der Karte markiert. Die aufgelisteten Strecken orientieren sich dabei nur an der vorhandenen Infrastruktur. Sie müssen individuell angepasst werden.

1. Sölvesborg – Näsum – Östafors (30,2 km): Sie haben nach ca. 24 km die Möglichkeit, die private Herberge Slätterna auf dem Weg nach Näsum zu besuchen. Zudem liegt kurz vorm Ziel das Pensionat Strömbacken, mit Abholservice nach vorzeitiger Vereinbarung! ☞ Etappe 2
2. Östafors – Olofström (15,1 km): Halens Camping liegt ca. 2 km vor dem Stadtzentrum von Olofström am Weg. Sie müssen dafür an der Abzweigung statt in Richtung Bökestad nach rechts in Richtung Olofström laufen. ☞ Etappe 3

3. Olofström – Brotorpet (24,6 km). Zwischen Olofström und dem 56 km entfernt liegenden Glimåkra gibt es keine Unterkünfte (Stand 2019). Daher empfehle ich, für diesen Abschnitt die regulären Shelterplätze in Betracht zu ziehen. ☞ Etappe 3
4. Brotorpet – Vesslarp – Glimåkra (31,5 km): Das Stadtzentrum von Glimåkra liegt ca. 1,5 km von der Route entfernt, ist aber leicht erreichbar. ☞ Etappe 5
5. Glimåkra – Osby (18 km): Die angegebene Distanz bezieht sich auf die Strecke bis zum Stadtzentrum, das einige Übernachtungsmöglichkeiten bietet. ☞ Etappe 6
6. Osby – Verum – Ubbalt – Vittsjö (36 km): Auf dieser sehr langen Etappe finden Sie zwei Shelterplätze. In Vittsjö gibt es einige Übernachtungsmöglichkeiten. ☞ Etappen 6-9
7. Vittsjö – Hårsjö – Lärkesholm – Örkelljunga (34 km): ✋ Diese Strecke weicht von der Orginalroute ab! ☞ Etappen 9-11
8. Örkelljunga – Våxtorp (24 km): ✋ Diese Strecke weicht von der Orginalroute ab! Våxtorp liegt 6 km vom Weg entfernt! ☞ Etappen 10-12
9. Våxtorp – Koarp – Brammarp – Båstad (36 km): Leider gibt es auf dieser Strecke keine mir bekannten Unterkünfte. ☞ Etappen 12-14
10. Båstad – Hovs hallar (16,2 km): Das Hotel liegt in der Nähe eines wunderschönen Küstengebietes. ☞ Etappe 15
11. Hovs hallar – Torekov (8 km): Das kleine, charmante Dorf mit dem kleinen Hafen bietet einige Übernachtungsmöglichkeiten. ☞ Etappe 15
12. Torekov – Vejbystrands (19,5 km:) ☞ Etappe 16 und 17
13. Vejbystrands – Ängelholm (13,2 km): ☞ Etappe 17

Feuer

Es gibt eine ganze Menge nützliche Tipps, um eine Feuerstelle im Freien sicherer zu machen. Beobachten Sie Wetterumstände wie Wind und Feuchtigkeit. Stellen Sie sicher, dass weder der Untergrund noch Dinge in der Umgebung leicht anbrennen können. Begrenzen Sie die Feuerstelle mit Steinen oder nutzen Sie die zur Verfügung gestellten Feuerstellen. Lassen Sie das Feuer und die Glut nicht unbeobachtet. Ein Feuer ist gelöscht, wenn keine Rauchentwicklung oder Glut mehr zu sehen ist.

Fischen und Angelschein

Egal ob Sie ein ökologischer Angler sind – also gefangene Fische wieder freilassen - oder den Fisch auch gerne verzehren: Sie haben auf der Route häufig die Möglichkeit, beim schwedischen Volkssport mitzumachen. Sie brauchen zum Angeln keine Ausbildung oder besondere Qualifikation. Trotzdem gibt es eine ganze Reihe gesetzlicher Regelungen, die beim Angeln zu beachten sind. In der Quintessenz dienen alle Bestimmungen einem nachhaltigen Umgang mit der Natur!

Eine *Fiskekort,* einen Angelschein oder eine Angelkarte, benötigen Sie, um in den Binnengewässern fischen zu dürfen. Die Angelberechtigung für jeden See erteilt der Eigentümer, sie kann gegen eine Gebühr erworben werden. Leider muss der Angelschein für jeden See einzeln gekauft werden. Bei einigen See haben Sie die Möglichkeit, den Angelschein online zu erwerben. Die Berechtigung kostet SEK 60 bis SEK 250 pro Tag. An den Küsten des Landes (mit Ausnahme einiger Flussmündungen) und fünf weiter nördlich liegenden Seen darf ohne *Fiskekort* geangelt werden.

Allgemein finden Sie in den Flüssen der Provinz am häufigsten Forellen, Lachs und Meerforellen. Seen beherbergen Aale, Barsche und Hechte. (Viele Seen werden von Flüssen gespeist.) Die genannten Fischarten sind nur die am häufigsten vorkommenden Fische. Die Liste erhebt keinen Anspruch auf Vollständigkeit.

Im Folgenden sind einige Seen auf dem Weg mit Informationen zum Erwerb eines Angelscheins aufgeführt:

- ▷ Grundsjön: 💻 www.ifiske.se. Der Erwerb eines Angelscheins ist online leider nicht möglich, aber Sie erhalten online Informationen dazu.
- ▷ Holjeån: Die *Fiskekort* ist leider nicht online erhältlich. Falls Sie sich trotzdem für einen Angelschein interessieren, bekommen Sie weitere Informationen in den Touristenbüros in Bromölla und Olofström.
- ▷ Halen, Raslången und Immeln: Das Unternehmen OFK Kanotcentral (Strandvägen 14, 293 39 Olofström, ☏ 04 54/402 80, 📨 info@halenkanot.com, 💻 www.halenkanot.com) hat einen Kanuverleih und andere Angebote. Dort kann auch ein Angelschein für die drei Seen erworben werden.
- ▷ Vesslarpssjön: Sveaskogs, größtes schwedisches Forstunternehmen, 💻 www.sveaskog.se. Die *Fiskekort* kann online erworben werden.

▷ Osbysjön: www.naturbruksgymnasietosby.se/osbysjons-fiskevardsomrade, osbyfvo@gmail.com. Sie erhalten online Informationen zu Angelbedingungen und dem Angelschein. Bitte informieren Sie sich vorher auf der Website über die Mindestgröße des zu fangenden Fisches.

▷ Vittsjön: Informationen unter www.vittsjo-nya-fvo.gundrastorp.se

i Weitere Informationen mit Übersichtskarten finden Sie unter www.fiskekort.se und www.ifiske.se.

Geld

Obwohl Schweden 1995 der EU beigetreten ist, hat das Land seine Währung, die schwedische Krone (abgekürzt SEK) bisher behalten. 1 Krone entspricht 100 Öre. 1 € sind umgerechnet ca. 10,7 SEK bzw. 1 SEK ca. 0,09 € (Wechselkurs Stand September 2019).

Bankkarten in Form von Giro- und Kreditkarten (Visa/Master) haben sich in Schweden schon seit Jahren als gängige Zahlungsmethode etabliert. Auch kleine Beträge können mit der Karte bezahlt werden. Wer auf Bargeld nicht verzichten will, findet Bankautomaten vorwiegend in Städten.

Beim Bezahlen mit einer Kreditkarte in Schweden können Gebühren anfallen.

Informationen

▷ allgemeine Informationen für Touristen in Schweden: www.visitsweden.de

▷ allgemeine Informationen für Touristen in der Provinz Skåne: www.visitskane.com/de

▷ Offizielle Reise- und Sicherheitshinweise für Schweden finden Sie auf der Website des Auswärtigen Amtes der jeweiligen Länder:
  - (CH) www.eda.admin.ch
  - (A) www.bmeia.gv.at
  - (D) www.auswaertiges-amt.de

i Touristeninformationen, auch Info-Points genannt, sind mit einem blauen „i" markiert. Sie finden sie entlang der Route in Sölvesborg, Olofström, Osby, Ökelljunga, Båstad, Torekov und Ängelholm. Die genauen Adressen sind bei der jeweiligen Etappe aufgeführt.

Jagdsaison

Je nach Tierart variiert die Jagdsaison. Sie können fast das ganze Jahr über mit Jägern rechnen. Bekanntlich mögen Jäger allerdings keine Störung, daher beginnen die meisten nach der Urlaubssaison im Oktober mit der Jagd.

Auch im Winter machen sich Wanderer auf den Weg in die skandinavische Natur, die bekannten Routen werden aus der ganzen Region besucht. Es ist äußerst wichtig, die Jäger und Jagdhunde nicht zu stören.

Jedermannsrecht

Das Jedermannsrecht ist der Grund schlechthin, in Schweden zu wandern. Jeder darf sich in der Natur aus eigener Kraft frei bewegen, übernachten, Feuer machen (mit Ausnahmen), an der Küste angeln und Hunde mitführen.

Mir selbst ist es ein persönliches Anliegen, darauf einzugehen. In diesem Gesetz steckt sowohl das Grundrecht, sich in der Natur frei zu bewegen, als auch das Vertrauen in ein gewissenhaftes Handeln. Nicht stören und nichts zerstören sind die Leitmotive des Erlaubten. Private Grundstücke, Gebiete in der Nähe von Siedlungen, Ackerflächen und Naturschutzgebiete sind von diesem Recht ausgenommen. Das Fischen in Binnenseen und das Jagen sind ebenfalls ausgenommen.

Die schwedischen Kommunen leisten diesbezüglich über Informationstafeln in Naturschutzgebieten und an Shelterplätzen eine gute Aufklärungsarbeit.

☞ Wandern mit Hund und ☞ Fischen und Angelschein

Karten und GPS

Sie haben mehrere Möglichkeiten, sich Kartenmaterial für unterwegs zu besorgen. Es kommen sowohl digitale als auch analoge Karten infrage. Digitales Kartenmaterial aus dem Internet kann auf einem Smartphone oder Tablet gespeichert und offline verfügbar gemacht werden. Die GPS-Tracks zum Weg können Sie kostenlos als gpx-Datei von der Internetseite des Verlags (💻 www.conrad-stein-verlag.de) herunterladen.

📖 **GPS** *Grundlagen · Tourenplanung · Navigation* von Michael Hennemann, ISBN 978-3-86686-495-5, € 9,90, informatives und übersichtlich geschriebenes Buch von Michael Hennemann. Das Buch eignet sich sowohl für AnwenderInnen von Smartphones und GPS-Navigationsgeräten als auch für EinsteigerInnen.

Es gibt auch dreisprachige (deutsch, englisch, schwedisch) Wanderkarten im Maßstab 1:50.000 für den „Skåneleden (SL1) – von Küste zu Küste", die bei der Geobuchhandlung in Kiel (Schülperbaum 9, 24103 Kiel, ☎ 04 31/910 02, 💻 www.geobuchhandlung.de) und auf der offiziellen Website des Skåneleden (💻 www.skaneleden.se) erhältlich sind. Die Internetseite des Skåneleden bietet außerdem interaktive Karten mit Optionen zum Einblenden von Unterkünften, Shelterplätzen und Einkaufsmöglichkeiten etc. an.

☺ Die Kartenempfehlungen wurden von der Geobuchhandlung Kiel überprüft.

Klima und Reisezeit

Skåne genießt die Vorzüge eines relativ milden Klimas in Skandinavien. Trotzdem gibt es regionale Unterschiede zwischen der Küste und dem Inland. Die Westwinde sind das ganze Jahr über besonders auf den Etappen zwischen Båstad und Ängelholm an der Westküste zu spüren. In den Wäldern herrscht eine weitgehende Windstille, dafür sind die vier Jahreszeiten besonders gut sichtbar.

Sie müssen das ganze Jahr über mit Regentagen rechnen, aber auch trockene Perioden in Sommermonaten sind üblich. In den Wintermonaten kann es schneien und Bäche und Seen können zufrieren.

Durchschnittliche Temperatur in °C

	Sölvesborg	Osby	Ängelholm
Januar	-0,1	-0,9	-0,5
April	5,4	5,2	5,8
Juli	16,8	16,3	17,0
Oktober	9,1	8,4	8,9

Tageslicht 22. Dezember: ca. 7 Std.
Tageslicht 21. Juni: ca. 17 Std. 40 Min.

Quellen: 💻 climate-data.org und 💻 weatherspark.com

Die Wahl der Reisezeit hängt von individuellen Möglichkeiten und Vorlieben ab. Der Weg zwischen Sölvesborg und Ängelholm kann das ganze Jahr über bewandert werden. Die Hauptsaison für Wanderer ist in den Sommermonaten zwischen Juni und August. Im Winter sollten Sie mit frostigen Temperaturen und glatten, gefrorenen Abschnitten rechnen.

Während der Trockenperioden können regionale Feuerverbote zum Schutz gegen Waldbrände verhängt werden. Aktuelle Informationen zum Thema finden Sie unter 💻 www.skane.se.

Für die Wettervorhersage sind folgende Internetseiten empfehlenswert:

- 💻 www.smhi.se: schwedischer Wetterdienst
- 💻 www.yr.no: norwegischer Wetterdienst mit guten Prognosen
- 💻 www.wetteronline.de: gute Übersicht, Satellitenbilder mit Prognosen, auch als Anwendung für Smartphones erhältlich

Medizinische Versorgung

Das schwedische Gesundheitssystem ist staatlich organisiert und durch Steuern finanziert. Jeder mit einem festen Wohnsitz in Schweden kann eine medizinische Behandlung in Anspruch nehmen. Die sogenannten *vårdcentral* (Gesundheitszentren) sind Anlaufstellen für Personen, die eine ambulante Behandlung benötigen. Urlauber aus der EU haben mit der Europäischen Krankenversicherungskarte (EHIC) die Möglichkeit, in Schweden eine rechtlich vorgesehene Behandlung auf Kosten der Krankenkasse im Heimatland zu bekommen. Mit dieser Karte können Sie bei Bedarf ein Gesundheitszentrum oder ein Krankenhaus in Schweden aufsuchen. Möglicherweise müssen Sie erst einmal die vollen Behandlungskosten vor Ort bezahlen, bevor diese durch Ihre Krankenkasse im Heimatland erstattet werden. In den meisten Fällen sind aber nur Gebühren zwischen € 11 und € 33 zu entrichten.

Weitere nützliche Informationen finden Sie auf 💻 www.eu-patienten.de und 💻 www.dvka.de.

Mücken, Zecken und andere Tiere

Das Vorkommen unterschiedlicher Insekten in den Wäldern und auf den Wiesen variiert von Jahr zu Jahr. Abhängig von Temperatur und Feuchtigkeit vermehren sie sich schneller oder langsamer. Je milder der Winter, umso größere Populationen sind in der darauffolgenden warmen Jahreszeit zu erwarten.

In erster Linie bietet das Tragen von langer, geschlossener Kleidung Schutz vor unangenehmen Stichen und Bissen. Zudem gibt es eine Reihe von Produkten wie z. B. das Kombipräparat „Autan® Protection Plus Zeckenschutz" oder speziell gegen Zecken „Anti Brumm® Zecken Stopp", die Ihnen jedoch auch nur einen gewissen Schutz gegen Zecken und Mücken bieten. Aufgrund der nicht unbedenklichen Inhaltsstoffe kann ich diese und ähnliche Produkte zum Auftragen auf die Haut außerdem nur bei unregelmäßiger Anwendung empfehlen.

Einer der Vorzüge einer Winterwanderung auf dem Skåneleden ist, dass Sie Ruhe vor den kleinen Blutsaugern haben.

Zecken kommen vor allem in den frostfreien Monaten zwischen März und Oktober vor. Sie warten in niedrigen Gräsern und im Unterholz, an der Unterseite von Blättern und an Grashalmen. Bei Streichkontakt heften sie sich an den vorbeiziehenden Wirt an und beginnen, nach einer geeigneten Stelle zu suchen.

Eine Übertragung von Krankheiten wie FSME (Frühsommer-Meningoenzephalitis, eine Entzündung von Gehirn und Hirnhäuten) und Borreliose (bakterielle Infektion) ist in der Region eher unwahrscheinlich, jedoch nicht gänzlich ausgeschlossen. Gegen FSME können Sie sich impfen lassen. Bei Borrelioseverdacht ist die Wunde auf die typischen Borreliosezeichen (Wanderröte) zu kontrollieren. Es empfiehlt sich, die Bisswunde über mehrere Wochen zu beobachten.

In windstillen Wäldern und in der Nähe von Feuchtgebieten kann es bei milden Temperaturen und genügend Feuchtigkeit zur Bildung ganzer Mückenarmeen kommen. Die doch recht nervigen Begleiter sind vor allem im Frühling und Sommer auf Nahrungssuche. Die Stiche jucken meist unangenehm, sind aber ungefährlich.

☺ An den Shelterplätzen können Sie sich Mücken durch Feuerrauch vom Hals halten. Es gibt auch einige Hausmittel wie Schwarzkümmelöl, welches Sie bei regelmäßigem Verzehr etwas uninteressanter machen soll – einen Versuch ist es also wert. Zwiebeln helfen bei lokaler Anwendung zur Beruhigung der Einstichstelle.

Auf dem Weg durch die Wälder kommen Sie auf den Pfaden immer wieder durch Unterholz und in dichtes Buschwerk. Diese Stellen sind die natürlichen Lebensräume der Wildschweine. Diese Tiere sind an sich menschenscheu und gehen Ihnen aus dem Weg. Versuchen Sie, die Tiere nicht zu überraschen. Singen Sie ein schönes Lied oder wiederholen Sie Ihr Lieblingsmantra, um sich bemerkbar zu machen. Bleiben Sie gelassen.

Natur- und Umweltschutz

Die schwedische Zentral- und Kommunalpolitik legt großen Wert auf einen nachhaltigen Umgang mit der Natur. Die Menschen vor Ort haben ein Verständnis für das Leben mit und in der Natur entwickelt, was sich auch in den Erwartungen gegenüber Besuchern widerspiegelt.

Naturreservate gelten als empfindliche Ökosysteme, die von den Kommunen zum Erhalt von Lebensräumen für eine vielfältige Tier- und Pflanzenwelt geschützt werden. Das heißt, dass diese Flächen weitgehend der Natur überlassen werden. Naturreservate können jedoch auch durch Beweidung, Mähen oder kontrollierte Brände gestaltet werden.

Auf der Route werden einige Naturreservate durchwandert. Diese Gebiete sind durch blaue Schilder mit der Aufschrift „Naturreservat" markiert. Sie unterliegen strengeren Regeln im Vergleich zu den sonst zugänglichen Naturgebieten.

Einige Hinweise und Verbote sind zum Beispiel:

- ▷ Es ist nicht gestattet, der Tierwelt (z. B. Vogelnestern) unnötig nahe zu treten oder sie durch Lärm zu stören.
- ▷ Haustiere wie Hunde sind ausschließlich dann erlaubt, wenn diese an der Leine mitgeführt werden. Sie dürfen nicht frei herumlaufen.
- ▷ Das Entfachen von Feuer und das Übernachten ist nur an ausgewiesenen Stellen erlaubt.
- ▷ Das Pflücken, Abbrechen und Zerstören von stehenden oder liegenden Bäumen und anderen Pflanzen ist untersagt.

Notfälle/Krisen

☏ **112:** Rufnummer bei Notfällen und dringender Gefahr für Leben und Umwelt. Sprach-und Hörgeschädigte haben die Möglichkeit, sich per **SMS an 112** bei der Zentrale zu melden. Folgende Informationen sind bei der Kommunikation mit der zentralen Stelle besonders wichtig:

- ▷ Was ist passiert?
- ▷ Wo ist es passiert?

☏ **113 13:** Telefonnummer des zentralen Krisenmanagements. Bei größeren Unfällen und Krisen in Schweden (z. B. Naturkatastrophen, Waldbrände etc.) bekommen Sie eine telefonische Auskunft und Hilfe.

☏ **1177:** Die erste Möglichkeit, Gesundheitsinformationen per Telefon zu bekommen. Wenn Sie ärztlichen Rat benötigen, können Sie telefonisch Ihre Beschwerden schildern oder nach der nächsten Praxis oder dem nächsten Gesundheitszentrum fragen.

Bei allen angegebenen Telefonnummern wird Schwedisch und Englisch gesprochen.

Quellen: 💻 www.sosalarm.se, 💻 www.krisinformation.se

Post

Aus der Fusion der dänischen und schwedischen Post entstand 2009 PostNord. Es gibt Postfilialen in allen größeren Ballungszentren.

Bei Briefmarken gibt es keinen Unterschied zwischen Postkarte und Brief. Internationale Briefe bis 50 g müssen mit mindestens SEK 21 frankiert werden (Stand 2019). Aktuelle Preise und weitere Informationen finden Sie unter 💻 www.postnord.se.

Radfahren

Von offizieller Seite wird empfohlen, die Wanderwege nicht mit dem Fahrrad zu befahren. Die Wegbeschaffenheit lässt auch von meiner Seite keine Empfehlung für eine Tour mit dem Fahrrad auf dem Skåneleden zu. Es gibt alternativ einige attraktive und ausgebaute Fahrradwege und -routen in Südschweden, z. B. den Kattegattleden oder den Sydostleden. Weitere Informationen finden Radfans unter 💻 www.visitskane.com/de.

Shelterplätze

Shelterplätze bilden den Ausgangspunkt und das Ziel jeder Etappe. Sie sind eine wunderbare Möglichkeit, ganz in die Natur einzutauchen. Shelter sind meist aus Holz aufgebaute Wetterschutzhütten, die leicht erhöht über dem Boden gebaut und an drei Seiten verschlossen sind. Sie bieten eine kostenlose Übernachtungsmöglichkeit.

Alle Shelterplätze sind mit einer Feuerstelle oder einem Grillplatz ausgestattet. Für Feuerholz ist in den meisten Fällen durch Nachbarn oder Kommunen gesorgt.

In der Nähe befindet sich meist eine einfache Toilette ohne Wasseranschluss. Shelterplätze werden meist in der Nähe von natürlichen Wasserquellen wie Flüssen und Seen gebaut oder verfügen über eine andere Wasserquelle, zum Beispiel einen Zugang zu Leitungswasser. Dies ist jedoch nicht bei allen der Fall.

Ein Shelter bietet einen Schlafplatz für zwei bis drei Personen. An einigen Orten gibt es mehr als ein Shelter pro Platz, sodass dort mehrere Menschen übernachten können. Meist verfügen Shelterplätze über zusätzlichen Platz zum Aufbau von Zelten.

Telefon und Internet

Vorwahlen

- ▷ Schweden: ☏ 00 46
- ▷ Stockholm: ☏ 00 46/(0)8
- ▷ Dänemark ☏ 00 45
- ▷ Kopenhagen ☏ 00 45/(0)3

Gebühren

Seit der Abschaffung der Roaminggebühren in Juni 2017 können EU-BürgerInnen ihren inländischen Tarif zu gleichen Konditionen im EU-Ausland nutzen. Das heißt, für BürgerInnen aus Deutschland und Österreich fallen im Vergleich zum im Heimatland geltenden Tarif keine zusätzlichen Gebühren bei ankommenden und ausgehenden Gesprächen an.

Das mobile Internet kann innerhalb der EU ebenfalls zu denselben Bedingungen/Preisen wie in Ihrem zu Hause gültigen Tarif genutzt werden.

☝ Je nach Anbieter gibt es automatische Optionen, über die Ihnen für relativ viel Geld wenig zusätzliches Datenvolumen zur Verfügung gestellt wird, sobald Ihr reguläres Datenvolumen aufgebraucht ist! Auch auf Fähren können bei der Nutzung von Mobilfunk und Datenvolumen zusätzliche Kosten entstehen.

Für Reisende aus der Schweiz sind die Gebühren von ihrem abgeschlossenen Tarif abhängig.

Netzinfrastruktur

Schweden ist ein dünn besiedeltes Land. Dadurch entstehen Lücken im Mobilnetz, vor allem in wenig bewohnten Gebieten. Im Süden Schwedens herrscht eine höhere Bevölkerungsdichte, sodass die Situation hier etwas anders ist und es eine flächendeckende Mobilfunkversorgung gibt. Im tiefsten Wald finden sich jedoch auch hier einige Lücken.

Trinkwasser

Das Thema stellt einen wichtigen Punkt dar, vor allem bei der Vorbereitung auf die Reise. Unter der Voraussetzung, dass Sie richtig ausgerüstet sind, haben Sie die Möglichkeit, die natürlichen Wasserquellen auf dem Weg zu nutzen. Die Wasserqualität variiert allerdings von Fluss zu Fluss und von See zu See. Es gibt auch saisonale Unterschiede zu beachten.

Grundsätzlich ist das natürlich vorkommende Wasser nach dem Abkochen, der Behandlung mit Entkeimungsmitteln (z. B. ® Micropur) oder der Verwendung eines Wasserfilters trinkbar. Manche Flüsse in der Region haben rot gefärbtes Wasser. Dies ist durch den Eisengehalt des Wassers bedingt. Das Wasser kann nach Behandlung verwendet werden und ist unbedenklich. Bei vorliegender Niereninsuffizienz ist es jedoch ratsam, das Wasser nicht zu verwenden.

Im Folgenden finden Sie eine Liste der verfügbaren Wasserstellen mit jeweiliger Abstandsangabe zur nächsten Möglichkeit, an Trinkwasser zu gelangen:

- Sölvesborg (7 km) ➔ Ryssbergsstugan: rotes Gebäude im Wald mit Trinkwasserhahn an der Außenwand (7 km) ➔ Grundsjön: Trinkwasserhahn vor dem Shelterplatz (11 km) ➔ Näsum (10 km) ➔ Östafors: Pensionat Strombacken, ca. 200 m vom Weg entfernt (9 km) ➔ Shelterplatz Bökestad: Wasserbrunnen (13 km) ➔ Shelterplatz Brotorpet: Wasserbrunnen (13 km) ➔ Shelterplatz Vesslarp: am Fluss gelegen (18 km) ➔ Glimåkra: am Freibad Trollbadet mit Trinkwasserhahn (16 km) ➔ Shelterplatz Osby: Wasserhahn am Clubhaus vor dem Shelterplatz (22,6 km) ➔ Kirche in Verum: Wasserhahn (10 km) ➔ Naturreservat Ubbalt: Trinkwasserhahn an der Außenwand eines Gebäudes (11 km) ➔ Shelterplatz Hårsjö: nahe Hårsjön (20 km) ➔ Lärkesholm: am See (6 km) ➔ Wasserwerk Åsljunga: Trinkwasserhahn (6 km) ➔ Shelterplatz Bjärabyget: Wasserbrunnen

(17 km) ➔ Koarp: Trinkwasserhahn direkt am Shelterplatz (7 km) ➔ Wasserhahn am Wegesrand (22 km) ➔ Båstad: Trinkwasserhahn 50 m vom Shelterplatz entfernt (16 km) ➔ Hovs Haller Hotel (8 km) ➔ Shelterplatz Torekov: Wasserhahn (17 km) ➔ Shelterplatz Gryteskär: Trinkwasseranschluss (17 km) ➔ Ängelholm

In Strandnähe zwischen Båstad und Ängelholm bekommen Sie in regelmäßigen Abständen mehrmals pro Etappe Trinkwasser an den öffentlichen Standtoiletten.

Auch wer Bewohner vor Ort freundlich nach Trinkwasser fragt, wird nicht enttäuscht.

Unterkünfte

Entlang der Strecke in Skåne gibt es verschiedene Übernachtungsmöglichkeiten (neben den bereits erwähnten ☞ Shelterplätzen). Sie finden Hotels, Pensionen, B&Bs oder Campingplätze in der Nähe aller größeren Städte.

Die regulären Etappen in diesem Buch sind auf Shelterplätze ausgelegt. An einigen Teilstrecken ist kein bewirtschaftetes Gasthaus vorhanden. Auf dem Abschnitt zwischen Olofström und der 56 km entfernten Stadt Glimåkra gibt es keine mir bekannten Unterkünfte. ☞ Etappenübersicht und alternative Etappenplanung

Die Übernachtungskosten sind zur Veranschaulichung mit Symbolen angegeben. Die Preisangaben gelten pro Person.

€	bis SEK 250
€€	bis SEK 500
€€€	bis SEK 750
€€€€	bis SEK 1.000
€€€€€	mehr als SEK 1.000

🛏 Hotels und B&Bs (Bed & Breakfast) versuchen Touristen an den Wochenenden und in den Sommerferien mit Sonderangeboten zu locken. Eine Ausnahme stellen meist die Unterkünfte an touristischen Highlights dar.

Pensionen unterscheiden sich etwas stärker voneinander. Sie werden meist privat betrieben und erfordern in der Regel eine Reservierung oder Absprache im Voraus.

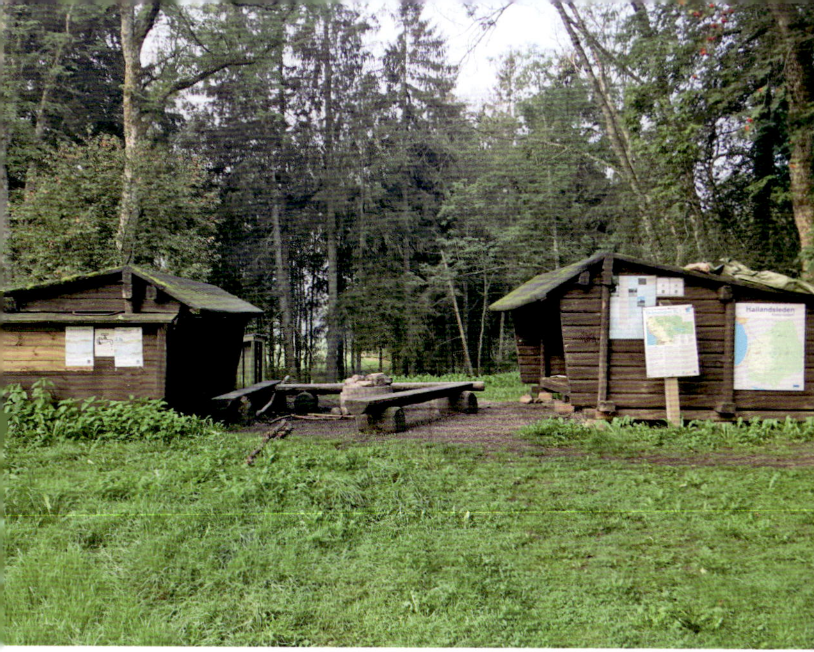

Shelterplatz Koarp, 12. Etappe

In Jugendherbergen (*vandrarhem*) gibt es günstige Mehrbettzimmer, meist mit gemeinsamer Küche und Bad. Oft haben Sie aber auch die Option, ein Einzel- oder Doppelzimmer buchen.

Campingplätze stellen mit Zeltplätzen und Hütten eine vielseitige und günstige Möglichkeit zum Übernachten dar. Die in diesem Buch erwähnten Campingplätze sind gut ausgestattet und befinden sich in der Nähe eines Sees oder des Meers. Sie sind ein in der Region beliebtes Reiseziel und werden in den Sommermonaten gut besucht. Es gibt dementsprechend preisliche Unterschiede zwischen Haupt- und Nebensaison. Zwischen Ende Mai und Anfang September empfiehlt es sich, sich vorher bei den jeweiligen Campingplätzen nach verfügbaren Plätzen zu erkundigen.

Informationen zu Wetterschutzhütten/Sheltern finden Sie im Kapitel ☞ Shelterplätze.

Updates

Der Conrad Stein Verlag veröffentlicht Updates zu diesem Wanderführer, die direkt vom Autor oder von den Lesern des Buches stammen. Sie finden diese auf der Verlagshomepage www.conrad-stein-verlag.de. Der links abgebildete QR-Code führt Sie direkt dorthin.

Verkehrsmittel am Weg

Die Region besitzt ein ausreichend ausgebautes öffentliches Nahverkehrsnetz. Sie haben vielerorts die Möglichkeit, meist mittels Regionalbus in größere Orte zu fahren. Von dort kommen Sie meist per Zug weiter in verschiedene größere Städte wie Malmö, Kopenhagen oder Stockholm.

Folgende Städte entlang bzw. nahe der Route sind an das regionale Zugnetzwerk angeschlossen:

- Sölvesborg
- Osby
- Vittsjö
- Båstad
- Ängelholm

Anschluss an den regionalen Busverkehr haben Sie unter anderem in folgenden Städten:

- Näsum (nach Bromölla)
- Olofström (nach Bromölla/Älmhult)
- Glimåkra (nach Kristianstad/Osby)
- Örkelljunga (nach Hässleholm/Ängelholm/Markaryd /Helsingborg)
- Torekov (mit Umstiegen z. B. nach Ängelholm und Båstad)

Informationen zu Verbindungen und Zeiten finden Sie auf folgenden Internetseiten:

- www.sj.se (schwedische Eisenbahngesellschaft)
- www.skanetrafiken.se (regionaler Verkehrsbetrieb in Skåne)
- www.blekingetrafiken.se
- www.hallandstrafiken.se

Wandern mit Hund

Schweden sind Hunden gegenüber aufgeschlossen. Die Wanderung durch die Region mit einem Hund ist unter Beachtung einiger Regeln allgemein erlaubt. Dazu zählt eine Leinenpflicht für die Zeit vom 1. März bis zum 20. August. In Naturreservaten müssen Hunde das ganze Jahr über angeleint werden. Dies soll verhindern, dass wild lebende Tiere und Vögel durch neugierige Hunde gestört werden.

Bei der Einreise sind folgende Regeln sind zu beachten:

▷ Der Hund muss klar identifizierbar sein, das heißt, Mikrochip oder Tätowierung sind Pflicht.

▷ Ein Heimtierausweis aus der EU oder der Schweiz ist ebenfalls notwendig, um das Tier ausweisen zu können.

▷ Eine Tollwutimpfung muss mindestens 21 Tage vor der Einreise erfolgt sein (mit Vermerk im Ausweis).

▷ Zollbestimmungen verlangen eine Anmeldung des Tieres. Bei der Einreise aus der EU brauchen Sie keine schriftliche Erlaubnis. Die Anmeldung vorab erfolgt online unter 💻 www.tullverket.se.

Falls Sie über Dänemark nach Schweden reisen wollen, beachten Sie bitte, dass einigen Hunderassen eine Einreise nach Dänemark nicht erlaubt ist! Dazu gehören Pit Bull Terrier, Tosa Inu, American Staffordshire Terrier, Fila Brasileiro, Dogo Argentino (argentinische Dogge), American Bulldog, Boerboel, Kangal, Zentralasiatischer Owtscharka, Kaukasischer Owtscharka, Südrussischer Owtscharka, Tornjak und Šarplaninac.

Futter für Ihre vierbeinigen Freunde bekommen Sie in den Supermärkten auf dem Weg.

📖 **Trekking mit Hund** von Heiko Kühr, Conrad Stein Verlag, ISBN 978-3-86686-550-1, € 9,90, informatives Buch mit guten Tipps

Wegmarkierungen und Wegbeschaffenheit

Alle fünf offiziellen Wanderrouten durch Skåne sind sehr gut markiert. Die orangen Markierungen kennzeichnen die Routen in dieser Provinz. Mal an den

Straßenlaternen, mal an Bäumen und oft in Form von extra aufgestellten Pfosten sind sie an gut sichtbaren Stellen angebracht. Durch die Klimabedingungen und Forstwirtschaft ändern sich von Jahr zu Jahr kleinere Wegstrecken.

Der Skåneleden (SL I) beginnt in Sölvesborg in der Provinz Blekinge und verläuft auf den ersten Etappen teilweise zusammen mit dem Blekingeleden entlang der Provinzgrenzen. Der Blekingeleden führt ab Boafall in Richtung Olofström.

Von Sölvesborg aus durchqueren Sie bis nach Båstad hauptsächlich Waldgebiete. Die letzten drei Etappen verlaufen in Strandnähe bis nach Ängelholm.

Die Beschreibung der Wege stellte mich vor eine große Herausforderung. Ich habe versucht, in diesem Buch zwischen folgenden Begriffen zu unterscheiden:

- ▷ Straßen: befahrbare Wege aus Schotter und Asphalt oder einem natürlichen Untergrund, also befestigt oder unbefestigt (Das am häufigsten wiederholte Wort des Buches ist „Schotterstraße".)
- ▷ Pfade: einfache Marschwege auf natürlichem Untergrund oder auf Holzstegen

Zeit

Skåne liegt in der gleichen Zeitzone wie Deutschland, Österreich und die Schweiz.

Die Anzahl der Stunden mit Tageslicht variiert stark zwischen Sommer und Winter.

Zoll

Die Einreise nach Schweden aus Deutschland, Österreich und der Schweiz erfordert kein Visum und keine Voranmeldung. Ein Personalausweis oder Reisepass ist aber unbedingt notwendig, um sich an der Grenze ausweisen zu können.

Die Einfuhr von Waren ist für EU-BürgerInnen (Deutschland, Österreich) und Nicht-EU-BürgerInnen (Schweiz) unterschiedlich geregelt.

Ausführliche Informationen in Englisch und Schwedisch bekommen Sie auf 💻 www.tullverket.se/en.

Wegbeschreibung

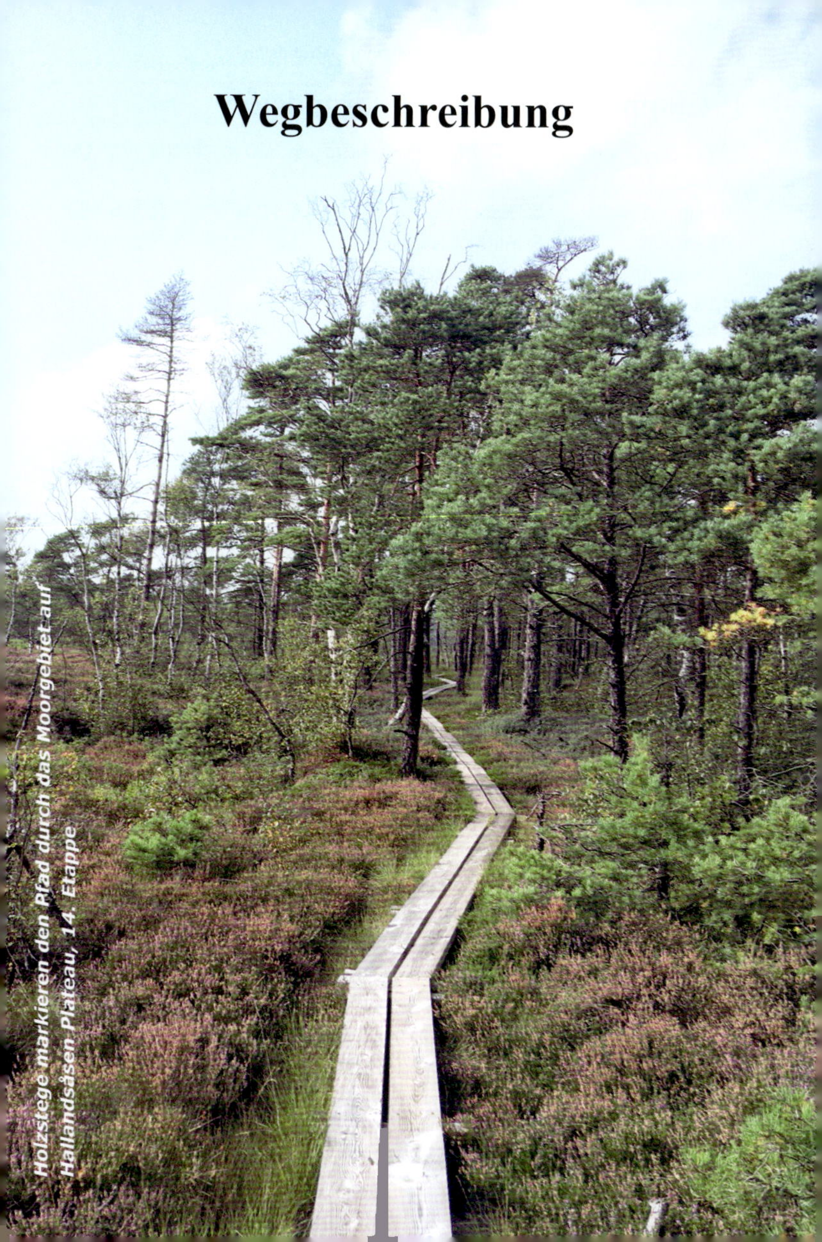

Holzstege markieren den Pfad durch das Moorgebiet auf Hallandsåsen Plateau, 14. Etappe

1. Etappe: Sölvesborg – Grundsjön

14,2 km, 4 Std., 320 m, 169, 1-162 m

0,0 km	1 m	Sölvesborg (Bahnhof)
0,8 km	13 m	Sankt-Nikolai-Kirche
2,5 km	46 m	weißer Infokasten zu Vogelarten
4,1 km	50 m	Infotafel und Rastplatz
5,6 km	85 m	Aussichtspunkt
7,1 km	126 m	Ryssbergsstugan
11,7 km	115 m	Gedenkstein
14,0 km	135 m	Grundsjön
14,2 km	140 m	Shelterplatz Grundsjön

Los geht es in Sölvesborg. Vorbei an der Promenade und dem Marktplatz gelangen Sie relativ schnell in den Wald. Über schmale und breite Pfade und Wege laufen Sie durch Laub- und Nadelwälder zum See Grundsjön. Die Wege sind an den entscheidenden Stellen gut markiert und von der Beschaffenheit her gut zu bewältigen. Bei nassen Verhältnissen müssen Sie mit schlammigen Wegen rechnen.

Die ersten Einkaufsmöglichkeiten in Sölvesborg bieten die einzige Gelegenheit, sich für diese Etappe mit Proviant zu versorgen.

Sölvesborg

Visit Sölvesborg (Touristeninformation), Stadshuset Repslagaregatan 1, 294 34 Sölvesborg, 04 56/81 61 81, turistbyran@solvesborg.se, Mo-Do 8:00-17:00, Fr 8:00-16:00, Mitte Juni bis Ende Juli zusätzlich Sa 10:00-14:00. Das Touristenbüro befindet sich etwa 200 m nördlich des Bahnhofs im Gemeindezentrum.

B&B Villa Orion, Överlyckevägen 10, 294 31 Sölvesborg, 04 56/135 58, villaorion@live.se, www.villaorion.se, €€€€

♦ **Vita Huset B&B**, Järnvägsgatan 4, 294 34 Sölvesborg, 07 08/66 97 69, info@vhbb.se, www.vhbb.se, €€€

Yndegården, Ynde Byväg 22, 294 92 Sölvesborg, 073/901 17 48, info@yndegarden.se, www.yndegarden.se, €€-€€€. Die schöne Unterkunft liegt ca. 3 km vom Start entfernt in der Nähe des Weges. Bitte melden Sie sich vorher telefonisch oder per E-Mail an. Auch falls das Haus nicht besetzt ist, rufen Sie die oben angegebene Nummer an.

✕ Im Zentrum der Stadt gibt es einige kleine Restaurants und Cafés.

ICA Supermarket Sölvesborg, Järnvägsgatan 1, 294 34 Sölvesborg, 7:00-22:00. Der Supermarkt liegt nur wenige Meter vom Bahnhof entfernt, Sie gehen aus dem Bahnhof nach links.

♦ **Coop Sölvesborg,** Järnvägsgatan 6, 294 34 Sölvesborg, coop.se, 7:00-22:00

Apotheke, Järnvägsgatan 5A, 294 34 Sölvesborg, Mo-Fr 8:00-18:00, Sa 9:00-14:00, direkt neben dem ICA Supermarket

Weg durch Sölvesborg

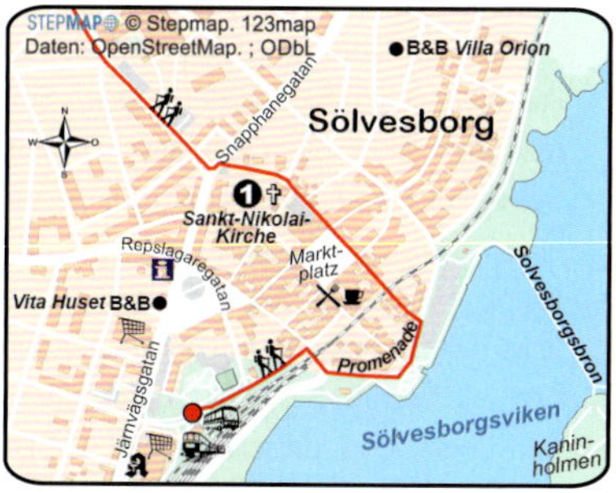

Die etwa 9.000 Einwohner zählende Stadt Sölvesborg ist einer der Orte auf der Route, der sich außerhalb der Provinz Skåne lån, nämlich im östlich daran anschließenden Blekinge lån, befindet. Neben der im 13. Jh erbauten Kirche St. Nikolai, einer alten Burgruine und dem mittelalterlichen Zentrum der Stadt ist die 2013 eingeweihte Solvesborgsbron durchaus sehenswert. Mit ihren 760 m Länge ist sie Europas längste Brücke für Fußgänger und Radfahrer.

Nicht zuletzt beheimatet Sölvesborg auch das Killebom, ein jährliches Stadtfest mit Mittelaltermarkt, und das ebenfalls jährlich Anfang/Mitte Juni stattfindende Sweden Rock Festival.

Wenn Sie den Bahnhof verlassen, sehen Sie schon die erste Übersichtskarte und Infotafel auf der gegenüberliegenden Straßenseite. Zunächst folgen Sie der Straße nach rechts für ca. 200 m bis zu einem Bahnübergang. Sie überqueren die Schienen und laufen an der **Promenade** am Sölvesborgsviken entlang. Nach weiteren 200 m verlassen Sie die Promenade nach links in die Badhusgaten.

Die Markierung fehlt!

Die kleine Gasse führt Sie über eine Fußgängerbrücke über die Bahngleise. Sie folgen der Straße geradeaus am Marktplatz vorbei, bis Sie nach der **Sankt-Nikolai-Kirche ❶** an einer Kreuzung ankommen (0,8 km). Auf der anderen Straßenseite geht es leicht bergauf durch ein Wohngebiet geradeaus.

Am Ende der Straße gehen Sie über den Zebrastreifen. An einer Schranke vorbei gelangen Sie in den Wald. Sie folgen dem breiten Weg geradeaus und kommen an zwei roten Häusern des „Sölvesborg Hundklubb" auf der linken Seite vorbei (2,2 km). Dann bleiben Sie weiter geradeaus auf dem Weg, bis die Schnellstraße (E22) in Sicht- und Hörweite ist.

Wenn Sie hier der Straße weiter folgen und die E22 unterqueren, kommen Sie nach ca. 350 m an einer Kreuzung an. Links erreichen Sie nach wenigen Metern **Yndegården Sölvesborgs Vandrarhem**.

Vor der Unterführung gehen Sie auf einen schmalen Pfad nach rechts. Nach ca. 30 m sehen Sie auf der rechten Seite einen **weißen Kasten** mit visuellen Informationen über die einheimischen Vogelarten. Der Pfad führt Sie parallel zur Schnellstraße an einem Sportplatz vorbei. Nach einigen Metern kommen Sie in eine Wohngegend. Überqueren Sie die kleine Straße und folgen Sie dem Pfad für knapp 100 m, bis Sie auf eine größere Straße stoßen und sich auf dieser halb links halten. Nach ca. 70 m biegen Sie an der zweiten Kreuzung links auf einen breiten Pfad ab. Sie gehen unter einer Stromtrasse in Richtung der Schnellstraße und überqueren diese über eine **Fußgängerbrücke** (3,6 km). Dann entfernen Sie sich langsam vom Lärm der Straße und wandern an einer Steinmauer entlang.

Nach ca. 500 m kommen Sie an einer Linkskurve mit **Infotafel** und Sitzmöglichkeiten an ❷. Hier verlassen Sie die Straße und folgen dem Skåneleden geradeaus auf einen schmalen Pfad durch den Wald (4,1 km).

Der unbefestigte Weg verläuft durch Moorgebiete und Geröllfelder mitten in Mischwäldern und naturbelassenen Laubwäldern. Zwischen den Baumstämmen

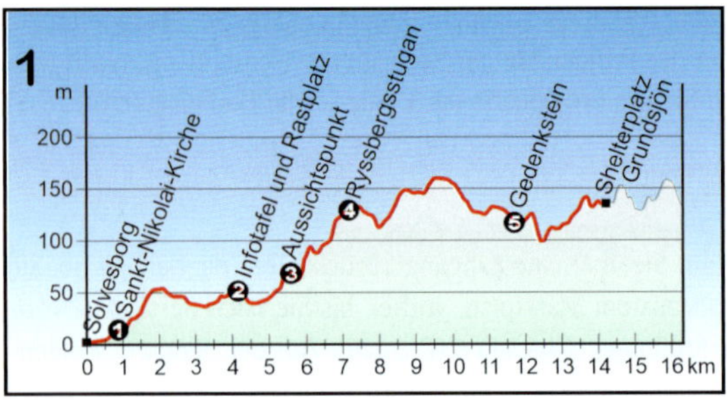

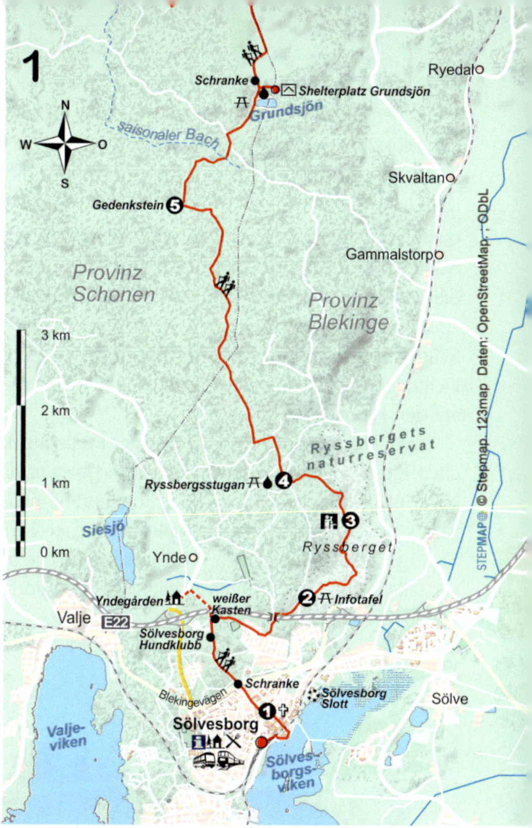

hindurch können Sie weit blicken. Achten Sie auf orange Markierungen an den Bäumen.

Nach kurzem Anstieg kommen Sie an einen **Aussichtspunkt** am Rücken des Ryssberget an ❸ (5,6 km). Sie haben einen weiten Blick nach Osten über den südlichen Teil der Provinz Blekinge.

Sie folgen dem breiten Pfad weiter durch den Wald und biegen nach ca. 200 m vor einem weiteren Geröllfeld auf einen schmalen Pfad links hoch ab. Nach kurzer Strecke stoßen Sie auf eine Schotterstraße, der Sie im Verlauf des Weges halb links folgen. Nach 450 m verlassen Sie die Straße in einer Linkskurve nach rechts auf einen schmalen Pfad, auf dem Sie für einen kurzen Abschnitt steil hinaufsteigen.

Oben angekommen erreichen Sie nach 100 m eine weitere Schotterstraße, der Sie nach rechts folgen. Nach wenigen Metern ist das rote Haus mit der Aufschrift **„Ryssbergsstugan“** zu sehen ❹ (7,1 km).

⛼ 💧 **Ryssbergsstugan**: Hier haben Sie die Möglichkeit, beim lokalen Mountainbikeclub Rast zu machen. Auch ein Wasserhahn befindet sich auf der Außenseite des Hauses.

Falls Sie das Glück haben, an einem Wochenende vorbeizukommen und dort Menschen anzutreffen, können Sie sich im kleinen Bistro stärken und die Sitzmöglichkeiten nutzen. Das Haus ist nicht jeden Tag besetzt.

Wenige Meter hinter dem Haus verlassen Sie die Straße wieder auf einen Pfad nach links. Sie gehen ein Stück neben einer gerodeten Stelle. Nach 200 m überqueren Sie eine Schotterstraße und laufen entlang der Steinmauer neben einem Nadelwald linker Hand. Alte Holzstrommasten kreuzen Ihren Weg. Folgen Sie diesen hinter dem Wald nach links auf den Blekingevägen (7,7 km).

An der ersten Abbiegung nach 400 m wenden Sie sich dann wieder auf eine Schotterstraße nach rechts. Sie folgen dem Weg durch Nadelwälder und über Lichtungen für 2,6 km. Dann leitet Sie die Markierung nach rechts und Sie biegen auf den Hinnedalsvägen ab.

Nach knapp 1 km gehen Sie an einer Kreuzung nach links. 400 m weiter erreichen Sie einen großen **Gedenkstein** und biegen dann rechts ab ❺ (11,7 km). Nach 600 m verlassen Sie die Schotterstraße und folgen der Markierung nach rechts auf einen Pfad in einen naturbelassenen Laubwald hinein. Der Pfad führt Sie etwas abwärts. Nach ca. 100 m kommen Sie an einem Schild für eine Wasserstelle vorbei, das nach links zeigt. Ich habe dort aber nur ein ausgetrocknetes Flussbett gefunden.

Am Grundsjön

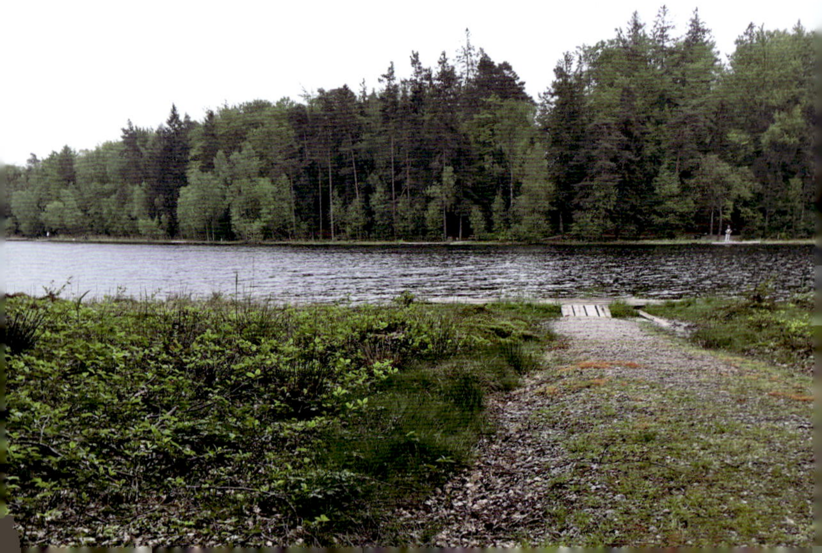

Wenige Hundert Meter nach dem Schild steigt der Pfad wieder leicht an. Wenn Sie Glück haben, hören Sie das Rauschen eines Flusses. Auch in Südschweden finden Sie in den Wäldern saisonale Bäche, die mal anzutreffen sind und mal nicht. Wenn Sie das Rauschen vernehmen, können Sie sich auf eine Erfrischung freuen.

650 m weiter kommen Sie an einer Asphaltstraße an, der Sie für 100 m folgen, bevor Sie rechts auf Grundsjövägen abbiegen. Sie folgen der Schotterstraße, bis der kleine Angelsee **Grundsjön** rechter Hand zu sehen ist (14 km).

Der relativ beliebte **Grundsjön** wird vor allem von den Einheimischen gerne zum Fischen besucht. Gegen eine Gebühr von SEK 160 dürfen Sie am See fischen. Regenbogenforellen und Flussbarsche sind hier häufig anzutreffen. Außerdem finden Sie rund um den See Sitzgelegenheiten, Feuerstellen und eine kleine Küche mit Elektrizität und Kochmöglichkeiten.

Wenn Sie zum Shelter gelangen wollen, gehen Sie wieder zurück zum Schotterweg, folgen diesem für 100 m und biegen dann rechts ab. Sie passieren drei Häuser, kommen an einem Plumpsklo vorbei und können danach schon das **Shelter** auf der linken Seite sehen (14,2 km).

Shelterplatz Grundsjön: Sie finden hier einen Shelterplatz mit Standardausstattung. Trinkwasser bekommen Sie kurz vor dem Shelterplatz an der Einfahrt des letzten Hauses. Bitte bedenken Sie, dass Ihre heutigen Nachbarn Ihnen das Wasser aus ihrem privaten Haushalt zur Verfügung stellen. Rücksicht und Dankbarkeit zahlt sich aus.

Die **Pension Strömbacken** befindet sich am Ende der morgigen Etappe. Bei rechtzeitiger Anfrage ist ein Abhol- und Bringservice von und nach Grundsjön möglich.

2. Etappe: Grundsjön – Östafors

16,1 km, 4 Std. 45 Min., ↑ 381 m, ↓ 486 m, ⇧ 23-157 m

0,0 km	⇧ 140 m	Shelterplatz Grundsjön
4,4 km	⇧ 57 m	Weggabelung am roten Haus
5,6 km	⇧ 67 m	Stromtrasse
8,0 km	⇧ 85 m	Näsums Bokskogar
8,7 km	⇧ 85 m	Wegweiser, Abzweig nach Näsum (5 km)
10,5 km	⇧ 35 m	Drögsperydsvägen
11,9 km	⇧ 117 m	Aussichtspunkt
14,0 km	⇧ 67 m	Hof mit roten Häusern
16,1 km	⇧ 30 m	Shelterplatz Östafors, : Pensionat Strombacken

Sie durchwandern auf schmalen und breiten Pfaden ursprüngliche Wälder, Naturreservate und Bäche. Dabei werden Sie von Vogelgesang begleitet und können auf Infotafeln mehr über die einheimischen Vogelarten erfahren. Auf der heutigen Etappe sammeln Sie einige Höhenmeter. Kurze steile Passagen werden mit schönen Aussichten belohnt. In der Kleinstadt Näsum, die ca. 2,5 km vom Weg entfernt liegt, können Sie Ihren Vorrat aufstocken. Am Ende des Tages haben Sie die Wahl zwischen einem idyllisch am Fluss gelegenen Shelter in Östafors oder der traditionell schwedisch eingerichteten Pension Strömbacken. So oder so können Sie sich auf eine Etappe durch heimische Wälder und Flussrauschen beim Einschlafen freuen.

Vom Shelterplatz Grundsjön gehen Sie 200 m zurück an den Häusern vorbei bis zu der Schotterstraße. Sie biegen rechts ab und passieren nach weiteren 100 m eine Schranke. Die Schotterstraße Grundsjövägen führt Sie durch unterschiedliche Wälder und gerodete Flächen. Nach 800 m kommen Sie an einem großen Felsen links des Weges vorbei. Auf diesem Abschnitt finden Sie die orangefarbenen Markierungen vorwiegend an den Baumstämmen rechts und links des Weges.

Nach 1,8 km gelangen Sie zu einer Linkskurve, wo Sie auf dem Weg bleiben und diesem für weitere 700 m folgen, bis Sie sich an einer Weggabelung nach rechts auf eine ähnliche Schotterstraße begeben. Die Straße mündet nach 1 km in eine weitere Schotterstraße, an der Sie für 200 m entlangwandern.

Achten Sie auf die rechte Seite. Sie verlassen die breite Straße nach rechts in den Wald hinein und überqueren nach wenigen Metern einen kleinen Bach.

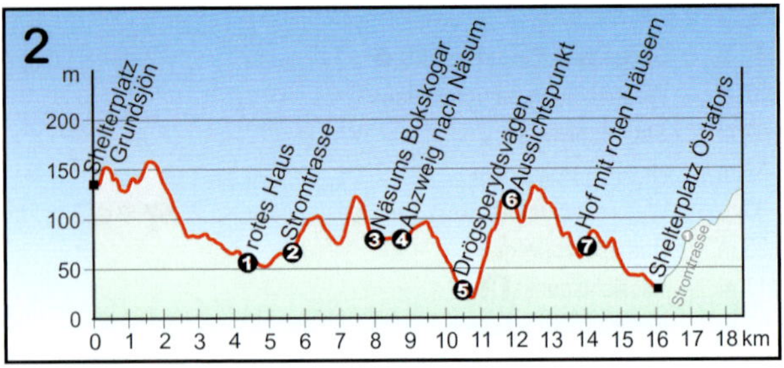

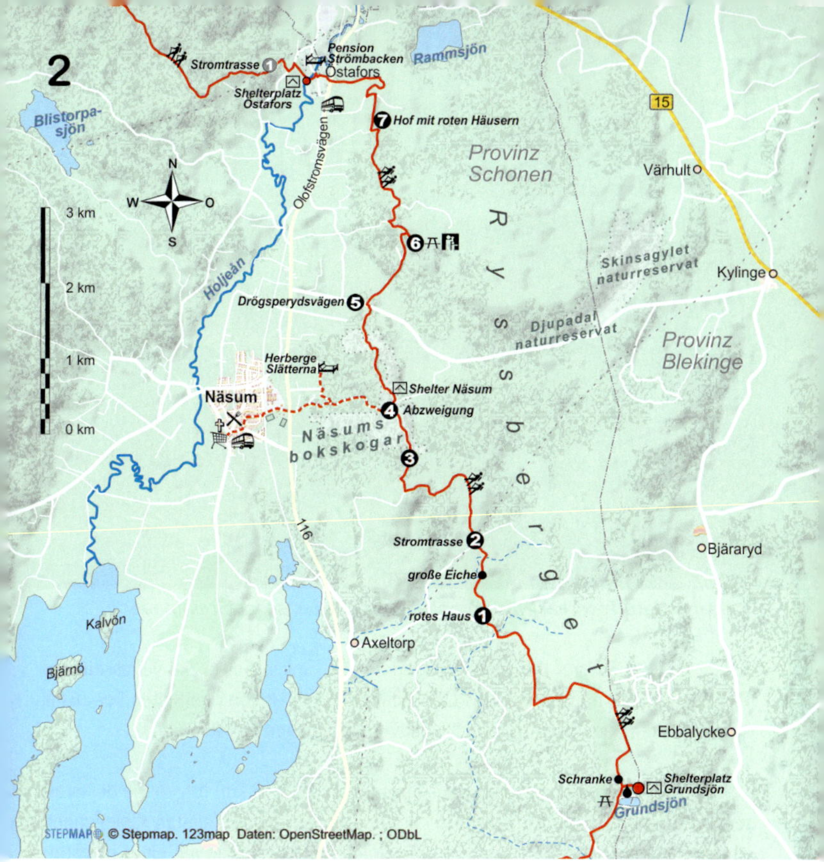

Der Waldweg endet nach 400 m vor einem **roten Haus** an einer Straße ❶ (4,4 km). Die Markierung zeigt nach rechts. Sie gehen an einem weiteren Grundstück auf der linken Seite vorbei und biegen dahinter links entlang der kleinen Strommasten ab. Sie lassen ein weiteres Grundstück links liegen. Hinter dem Haus ändert sich der Straßenbelag zu grobem Schotter.

400 m hinter dem letzten Grundstück führt Sie der Weg vor einer leichten Linkskurve an einem großen Eichenbaum vorbei. Die Schotterstraße verläuft weitere 200 m durch den Wald und mündet danach bei einem kleinen Bach in einen Waldweg. Wenige Meter dahinter gelangen Sie zu einer Lichtung.

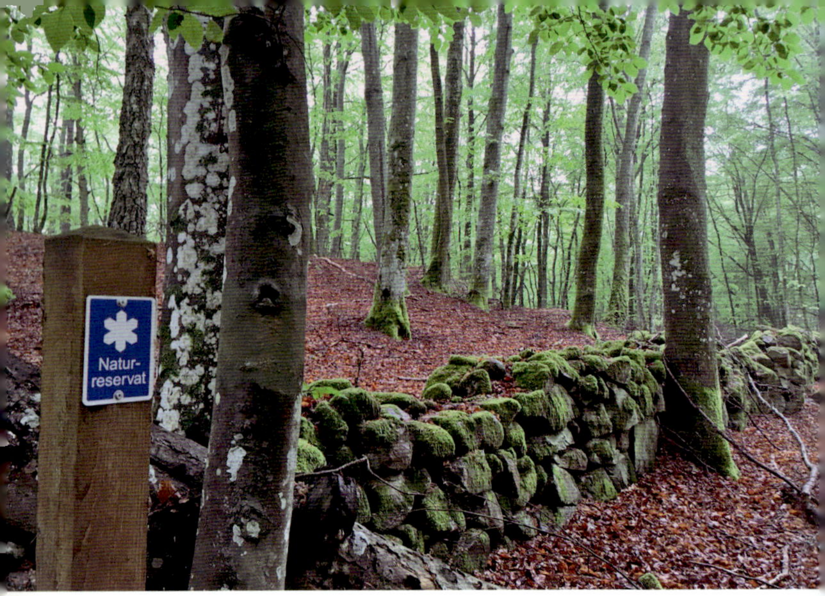

Eingang Naturreservat Näsum bokskogar mit typischer Steinmauer

✋ Achten Sie auf die Markierungen auf der linken Seite. Sie verlassen den Weg für ca. 200 m nach links ins Gebüsch. Der Weg ist von den Seiten her etwas zugewachsen, kann aber trotzdem relativ gut begangen werden.

An einer Lichtung unterhalb einer **Stromtrasse** ❷ (5,6 km) folgen Sie der breiten Schotterstraße nur kurz nach rechts und biegen bei der ersten Gelegenheit wieder nach links Richtung Wald ab. Sie laufen nun etwa 2 km auf einer befestigten Schotterstraße. Sie führt Sie zunächst leicht und später steiler aufwärts durch einen zauberhaften Mischwald mit Geröll, das durch Moos überdeckt ist. Vor einer gerodeten Stelle kommen Sie an eine Abzweigung, wo Sie sich rechts halten und den Weg steil aufwärts wandern.

Dann ist die Steigung geschafft und Sie können kurz durchatmen. Oben angekommen sehen Sie die Markierung nach rechts in Richtung eines weiteren Schotterweges. Er ist nach ca. 200 m zu Ende und die Markierungen führen Sie rechts abwärts. Der unbefestigte Pfad wird schmaler und besonders bei Nässe kann es hier sehr rutschig werden. Heil unten angekommen wandern Sie durch moosbewachsene Steinmauern ins Naturreservat Näsums bokskogar ❸ (8 km).

Näsums bokskogar: 2010 wurde dieses 84 ha große Waldstück des Ryssbergetwaldes als Naturreservat gekennzeichnet. Der Wald bietet einheimischen Pflanzen-, Insekten- und Vogelarten Schutz. Er bietet fürs Auge ein Schauspiel der Natur und für die Ohren ein Konzert der Vogelgesänge. Es lohnt sich, die Schritte zu verlangsamen und zu lauschen.

Sie kommen an einer Infotafel über dieses Naturreservat mit Karte, Verhaltensregeln, Vogelarten etc. vorbei (8,3 km). An einer Steinmauer rechter Hand weisen die Markierungen nach rechts und Sie kommen nach dem Überqueren der Mauer an einer Abzweigung mit **Wegweisern** an ❹ (8,7 km). Hier haben Sie die Möglichkeit, einen Abstecher nach **Näsum** zu unternehmen. Die Strecke zum Supermarkt im Ort und zurück ist ca. 5 km lang. Falls Sie in Näsum übernachten möchten, können Sie die private Herberge Slätterna besuchen.

An der Schotterstraße angekommen folgen Sie dem Wegweiser Richtung „Näsumaleden" nach links. Nach etwa 1 km sehen Sie die ersten Häuser. Sie kommen durch ein kleines Industriegebiet, überqueren eine Landstraße, lassen den Sportplatz links und die Industriegelände rechts liegen und erreichen ein Wohngebiet. Im weiteren Verlauf können Sie sich am Kirchturm orientieren. Sie folgen der Straße bis zu ihrem Ende und gehen dann nach rechts, vorbei an der Bushaltestelle, bis Sie an der Kirche aus dem 19. Jh. angekommen sind.

Um wieder auf den Skåneleden zu gelangen, gehen Sie denselben Weg wieder zurück.

Näsum

Private Herberge Slätterna, Slättavägen 56, 29594 Näsum, 07 05/48 14 38, ev@vattenkul.se, €-€€, Frühstück SEK 25. Abendessen ist ebenfalls nach Wunsch möglich. Zu den besonderen Angeboten des Hauses gehören eine einstündige Massage (SEK 700) und eine Badewanne im Freien (SEK 50). Es wird eine Reservierung per Telefon oder per E-Mail gewünscht. Die besondere Herberge liegt ca. 600 m vom Näsumaleden entfernt. Um das Gasthaus zu erreichen, gehen Sie ab der Abzweigung 900 m Richtung Näsum. An der ersten Weggabelung biegen Sie rechts auf einen Weg ab und gehen immer geradeaus. Dabei kommen Sie an zwei Häusern vorbei. Nach 600 m finden Sie die Unterkunft auf der rechten Straßenseite.

Näsums Pizzeria, Kyrkvägen 4, 295 74 Näsum, einfaches Schnellrestaurant mit verschiedenen Pizza- und Nudelgerichten

Matöppet Supermarkt, Axeltorpsvägen 2, 295 74 Näsum, 01.04.-30.09. tägl. 9:00-20:00, 01.10.-31.03. Sa und So nur bis 18:00

Die 1.100 Einwohner beherbergende Kleinstadt Näsum bietet am zweiten Tag direkt im Zentrum am Fuß der Stadtkirche eine Bushaltestelle, eine Pizzeria und einen Supermarkt mit Poststelle. Die Herbergen liegen leider etwas entfernt vom Zentrum. Von der Stadtkirche bis zur nächsten bewirtschafteten Unterkunft sind weitere 3,2 bis 3,4 km zu bewältigen.

Für diejenigen, die dem Wegverlauf folgen wollen, zeigen die Wegweiser in Richtung Östafors nach rechts. Der breite Weg schrumpft zu einem gut begehbaren Waldweg. Nach ca. 100 m erreichen Sie ein neu eingerichtetes **Shelter** mit einem weiten Blick nach Osten.

Shelter Näsum: einfache Notunterkunft im Wald mit einer Feuerstelle, Sitzmöglichkeiten und einem schönen Ausblick

Nach einer kurzen oder langen Stärkungspause gehen Sie am Shelter vorbei und bleiben auf dem gut begehbaren Waldweg. Achten Sie auf Markierungen, die an den Bäumen angebracht sind. Nach 250 m kommen Sie wieder an einer Steinmauer vorbei. Halten Sie sich danach rechts. Sie kommen an eine Waldstraße, überqueren diese und verlassen Sie halb links wieder über eine Holztreppe. Eine weitere Informationstafel wird passiert. Wenig später stoßen Sie auf eine Schotterstraße, die Sie links abwärts zu der moderat befahrenen Landstraße **Drögsperydsvägen** leitet ❺ (10,5 km).

Auf der anderen Straßenseite geht es geradeaus auf der Schotterstraße Skogvaktarevägen weiter. Vorbei an einem Lagerhaus und Getreidefeldern geht es jetzt relativ steil aufwärts. Direkt hinter einem grau-weißen Haus rechter Hand geht es halb rechts auf einem Feldweg weiter hinauf. Halten Sie durch! Oben werden Sie mit einem schönen Blick belohnt. An der nächsten Weggabelung gehen Sie links an einer Steinmauer weiter. Lassen Sie das rote Anwesen links liegen und laufen Sie geradeaus in den Wald.

Oben angekommen haben Sie die Möglichkeit, rechts den Weg durchs Gebüsch einzuschlagen, um an einen ruhig gelegenen **Aussichtspunkt** mit Rastmöglichkeiten zu gelangen ❻. Der relativ gerade verlaufende, ca. 200 m lange Waldweg muss eher erahnt werden.

Zurück an der Weggabelung gehen Sie praktisch halb rechts auf dem Pfad weiter bergab. Der Pfad endet an einer Schotterstraße. Sie orientieren sich nach rechts und wandern wieder aufwärts. Nach 300 m laufen Sie in einer Rechtskurve halb links in den Wald. Der gewundene Waldweg führt bis zu einer Holztreppe, die Sie über einen Zaun auf eine Weidefläche bringt. Sie laufen halb links quasi quer über die Weidefläche.

Die Markierungen sind nicht eindeutig.

Am anderen Ende der Weide steigen Sie über eine weitere Holztreppe und gehen wieder in den Wald hinein. Nicht zu übersehen sind die moosbedeckten Steinbrocken zwischen den Buchen. Hinter der nächsten Steinmauer geht es für wenige Meter steil abwärts. Rechter Hand sehen Sie einen aus großen Brocken bestehenden Abhang.

An einer Schotterstraße angekommen laufen Sie links bergab und passieren einige Häuser. Vor einem großen Gelände mit Gewächshäusern wenden Sie sich rechts auf die Schotterstraße, die etwas aufwärts führt. Der Weg verläuft wenig später durch einen nett eingerichteten **Hof mit roten Häusern** ❼ (14 km). Hinter dem Hof und vor einer Rechtskurve zeigen die Wegweiser geradeaus.

Sie überqueren eine Steinmauer über eine Holztreppe, die neben einem großen Findling steht. Nach 150 m gelangen Sie an eine weitere, neben einem Tor stehende Holztreppe über Stacheldraht nach links. Sie wandern zunächst entlang einer Schotterstraße, danach an einer unbefestigten Straße durch einen schönen Laubwald.

An einer Pferdekoppel biegen Sie links ab. Nach wenigen Metern laufen Sie über ein Grundstück mit einem roten Haus. Sie wandern an der Straße entlang bis zu der Landstraße Olofstromsvägen mit der kleinen Ortschaft **Östafors** auf der rechten Seite (15,3 km).

Überqueren Sie die Straße, den Fahrradweg und die kurze Schallschutzmauer. Danach wenden Sie sich nach rechts und gehen an dem roten Haus auf der rechten Seite vorbei. Kurz danach können Sie schon den Fluss **Holjeån** rauschen hören. An der Schotterstraße angekommen gehen Sie zunächst nach rechts. Wenn Sie der Straße für weitere 200 m geradeaus folgen, kommen Sie an der **Pension Strömbacken** an.

Der Skåneleden führt vor der Brücke über den Holjeån (15,9 km) links auf einen schmalen Pfad parallel zum Fluss, vorbei an einem Plumpsklo und weitere 150 m bis zum **Shelterplatz Östafors** (16,1 km).

Östafors

Pensionat Strömbacken, Sibbarpsvägen 587, 295 94 Näsum, 04 54/ 467 14, info@strombacken.se., www.strombacken.se, €€€, inkl. Frühstück. ☺ Die liebevoll eingerichtete und familiär geführte Unterkunft bietet für alle diejenigen, die auf eine warme Dusche, serviertes Essen und ein weiches Bett nicht verzichten wollen, eine tolle Übernachtungsmöglichkeit für die ersten beiden Nächte. Bei rechtzeitiger Voranmeldung werden Sie am Ende der ersten Etappe abgeholt und am nächsten Tag wieder hingebracht.

Shelterplatz Östafors: Der idyllisch gelegene Shelterplatz am Holjeån bietet neben Bade- und Angelmöglichkeit direkt am Fluss die Standardausstattung einer Wetterschutzhütte.

3. Etappe: Östafors – Brotorpet

22,2 km, 6 Std. 20 Min. , 477 m, 417 m, 29-170 m

0,0 km	30 m	Shelterplatz Östafors, : Pensionat Strombacken
0,8 km	80 m	Stromtrasse
4,7 km	147 m	Schild der „Olofströms Kommun“
6,1 km	140 m	Weggabelung mit Hinweisschildern, Abzweig nach Olofström BANK (11,2 km)
8,9 km	84 m	Shelterplatz Bökestad
12,4 km	84 m	Shelterplatz Fuglabacken
17,0 km	107 m	Mjönäsvägen
19,1 km	98 m	N. Skärsjön
22,2 km	89 m	Shelterplatz Brotorpet

Sie werden heute vor der Wahl stehen, ob Sie ohne Unterbrechung dem Skåneleden folgen oder die Stadt Olofström besuchen und den schönen Weg dorthin mit einigen Aussichtspunkten auf sich nehmen möchten. Dort finden Sie Einkaufsmöglichkeiten, einen Bahnhof sowie Apotheken, Banken etc.

Auf der regulären Route kommen Sie nach etwa 9 km am Shelterplatz Bökestad vorbei und haben weiterhin die Möglichkeit, Ihre Wanderung noch für weitere 13,2 km zum Shelterplatz Brotorpet fortzusetzen. Alternativ können Sie über zwei Shelterplätze nach Olofström wandern. Die Shelterplätze Tvättahallarna und

Bergatorpet befinden sich direkt am Ufer des Halensees, ca. 3,9 km vor dem Stadtzentrum. Am vierten Tag können Sie dann Ihre Wanderung zum Shelterplatz Brotorpet fortsetzen, der ebenfalls idyllisch am See liegt.

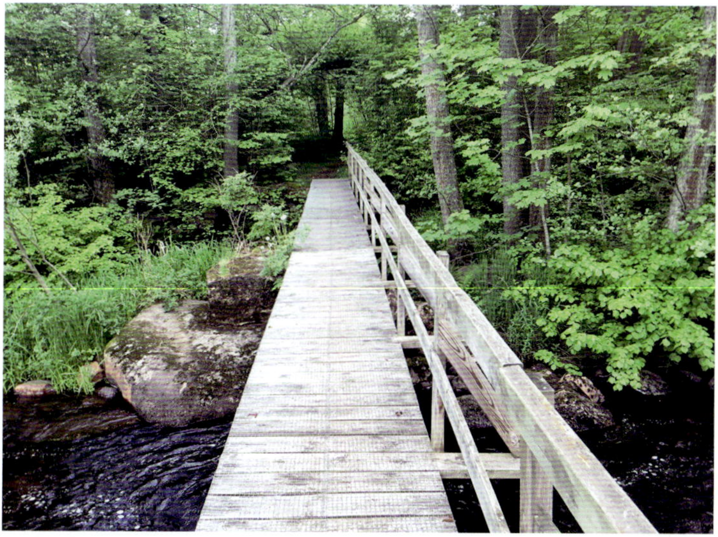

Brücke über Holjeån beim Verlassen des Shelterplatzes

Nun ist es Zeit, den Fluss Holjeån zu überqueren und in den neuen Tag zu starten. Sie folgen dem schmalen Pfad über die Holzbrücke und danach leicht aufwärts und gehen am Feldrand weiter bis zu einer Auffahrt. Diese mündet in den Sibbarpsvägen. Hier biegen Sie links ab und verlassen den Weg nach ca. 100 m an einem roten Briefkasten nach rechts. Lassen Sie das einzige Haus links liegen und gehen Sie dahinter links unterhalb der **Stromtrasse** bergauf ❶ (0,8 km).

Sie verlassen die Lichtung nach ca. 350 m nach rechts. Ein Waldweg führt Sie an einem roten Haus vorbei in einen Wald hinein. Bald verlassen Sie den Weg nach links auf einen Pfad und betreten über eine Holztreppe eine Weidefläche. Nach 200 m gelangen Sie an eine Schotterstraße, die Sie überqueren. Sie kommen an einem kleinen, heruntergekommenen Hof vorbei. Lassen Sie ihn links liegen. Hinter dem Hof wenden Sie sich nach links auf eine weitere Weidefläche.

Halb rechts wandern Sie auf der Weide etwas bergab und gehen vor dem Stacheldraht nach links. Sie verlassen die Weide über eine weitere Holztreppe und wandern auf einem schmalen Pfad durch eine junge Forstfläche bis zu einer weiteren Schotterstraße, die Sie nach rechts bergauf führt (2 km).

Der gut begehbare Weg führt durch Nadelwälder. Nach weiteren 2 km endet die Schotterstraße an einer Lichtung, wo Sie nach rechts auf einen unbefestigten Waldweg abbiegen. Sie gehen über Holzstege und durchqueren ein Moorgebiet. Nach einem kleinen Bach verläuft der Weg gewunden zwischen den Bäumen. Achten Sie hier auf die orangefarbenen Markierungen an den Baumstämmen.

Auf Ihrem Weg durch den Wald mit moosbedecktem Geröll kommen Sie an dem Schild der „Olofströms Kommun" vorbei ❷ (4,7 km). Es empfiehlt sich, auf den Holzstegen zu bleiben, da der Waldboden sehr moorig und matschig und das Gehen hier nur mit Mühe möglich ist.

Nach 500 m endet der Pfad an einer Schotterstraße, der Sie 500 m nach rechts folgen, bevor Sie nach links auf einen Schotterweg im Wald abbiegen. Sie wandern durch den Wald und kommen an einer Abzweigung mit einigen Hinweis- und Richtungsschildern an ❸ (6,1 km). Hier haben Sie die Wahl, links dem Wegverlauf zu folgen oder nach rechts Richtung **Olofström** zu gehen.

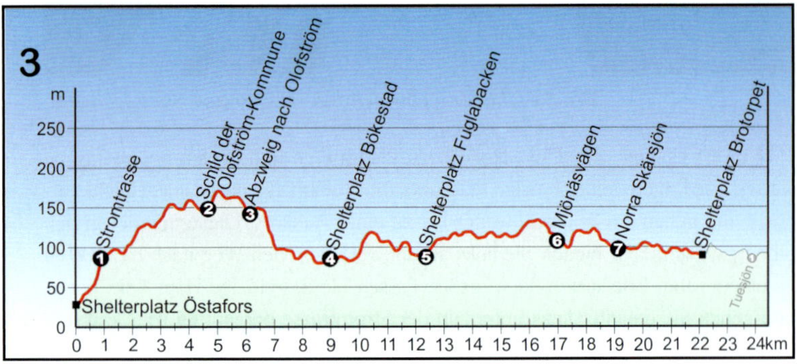

☺ Ich empfehle Ihnen, den Abstecher nach Olofström zu wagen, da Sie einen sehr schönen Weg mit einigen Übernachtungsmöglichkeiten sowohl auf Shelterplätzen als auch auf dem Campingplatz direkt am Halensee vor sich haben. Die beiden Shelterplätze auf dem Weg nach Olofström liegen idyllisch am See

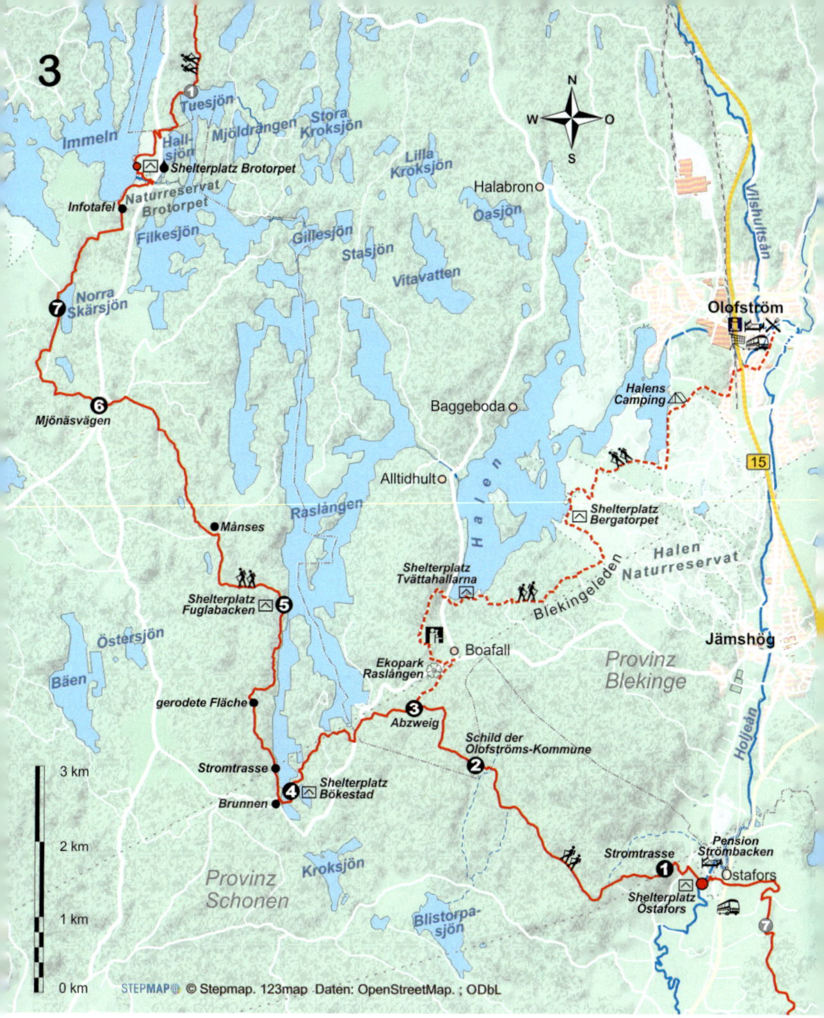

und bieten eine wunderbare Möglichkeit zum Baden und Angeln. Bedenken Sie auch, dass Olofström die letzte Möglichkeit zum Aufstocken der Vorräte für die nächsten zwei Etappen sein wird. Der Abstecher wird Sie einen Tag kosten, aber es lohnt sich!

Abstecher nach Olofström

11,2 km, 3 Std. 40 Min. , ↑ 193 m, ↓ 287 m, ⇧ 46-149 m

0,0 km	⇧ 140 m	Abzweig nach Olofström
1,1 km	⇧ 132 m	Ekopark Raslången
1,5 km	⇧ 141 m	Aussichtspunkt
3,0 km	⇧ 80 m	Shelterplatz Tvättahallarna
6,1 km	⇧ 81 m	Shelterplatz Bergatorpet
9,0 km	⇧ 81 m	Halens Camping
11,2 km	⇧ 64 m	Olofström (Zentrum) BANK

Der Abstecher nach Olofström führt Sie vorbei an den beiden Shelterplätzen Tvättahallarna und Bergatorpet über den Campingplatz Halens Camping bis zum Stadtzentrum. Der Weg zurück bis zur Abzweigung kann über eine Asphaltstraße etwas abgekürzt werden.

Die im Folgenden angegebenen Kilometerangaben sind ab der Abzweigung berechnet!

Zunächst biegen Sie nach rechts auf die Schotterstraße ab. Der Weg bringt Sie nach knapp 1 km zu einer anfangs asphaltierten Straße an einer Kreuzung, wo Sie scharf links abbiegen. 150 m weiter sehen Sie eine große Informationstafel des „**Ekopark Raslången**“ (1,1 km).

Der **Ekopark Raslången** wird vom größten schwedischen Waldeigentümer und Forstunternehmen „Sveaskog“ betrieben und instand gehalten. Sveaskog betreibt insgesamt 36 solcher Parks in Schweden.

Der Ekopark Raslången befindet sich 10 km westlich von Olofström und hat eine Fläche von 1.350 ha. Der Park umfasst zu 95 % Waldflächen rund um den Raslångensee. Hier wachsen und gedeihen Nadel- und Laubbäume. Das Gebiet bietet großen Vogelarten wie dem Fischadler und kleinen, bedrohte Käferarten einen Lebensraum. Den Betreibern des Ekoparks sind ökologische Werte sehr wichtig, um den Wald zu erhalten, und sie betonen dessen Bedeutung für die Menschen.

Sie gehen nach rechts in den Park. Der gewundene Pfad verläuft für ca. 300 m durch einen Laubwald. Steigen Sie über die Holztreppe und laufen Sie danach bergauf geradeaus. Nach 150 m haben Sie einen schönen Aussichtspunkt mit Blick über die Wälder und den Halensee nach Nordosten erreicht (1,5 km). Direkt hinter dem Aussichtspunkt gehen Sie über eine weitere Holztreppe in den Wald. Sie folgen dem Pfad, überqueren eine Schotterstraße und laufen weiter geradeaus. Der Weg führt Sie etwas auf und ab.

Nach 450 m leiten Sie die Markierungen nach rechts teilweise sehr steil abwärts durch Geröllfelder im Wald bis zu einer Straße, die Sie überqueren. Auf der anderen Seite geht es geradeaus weiter.

☺ Wenn Sie auf dem Rückweg zur Abzweigung die steile Steigung vermeiden wollen, gehen Sie nach dem Shelterplatz Tvättahallarna nach links auf der Straße bis zu der Kreuzung, an der Sie vorher scharf links abgebogen sind, und dann geradeaus.

Sie kommen dem Halensee näher. Am Ende des Pfades gelangen Sie an eine Schotterstraße und gehen nach links. Die Straße führt Sie direkt zum Shelterplatz **Tvättahallarna**. Sie finden dort Toiletten, Müllcontainer, eine Feuerstelle, Bade-, Angel- und Rastmöglichkeiten (3 km).

Rechts an der Informationstafel vorbei wandern Sie auf einem Waldpfad weiter. Sie kommen an einem kleinen Bach vorbei. Der Pfad wird breiter und verläuft durch eine schöne Landschaft aufwärts. Auf dem Weg können Sie auch rote Markierungen des Blekingeleden entdecken.

Nachdem Sie den Wendekreis einer Straße erreicht haben, verlassen Sie diese gleich nach links (3,7 km). Sie wandern durch einen naturbelassenen Laubwald, überqueren einen kleinen Bach und gehen danach nach links. An der nächsten Weggabelung biegen Sie rechts ab.

Sie kommen über eine Holztreppe aus dem Wald auf eine Lichtung mit teilweise dicht bewachsenen Stellen (4,4 km). Über eine Steinmauer gelangen Sie auf einen unbefestigten Waldweg in einem Naturreservat. Ein Moorgebiet ist zu durchqueren, dann erreichen Sie eine Waldstraße. Halten Sie sich rechts, an der Schranke gehen Sie wiederum nach links. Sie folgen einer breiten Waldstraße bis zum **Shelterplatz Bergatorpet** (6,1 km). Hier befinden sich zwei überdachte Plätze mit Feuerstelle, Sitzgelegenheiten, Toiletten sowie Bade- und Angelmöglichkeiten.

Der Weg führt an einer weiteren Informationstafel mit Warnhinweisen etc. vorbei. Sie wandern zunächst auf einem Pfad und später auf einer Schotterstraße am See entlang.

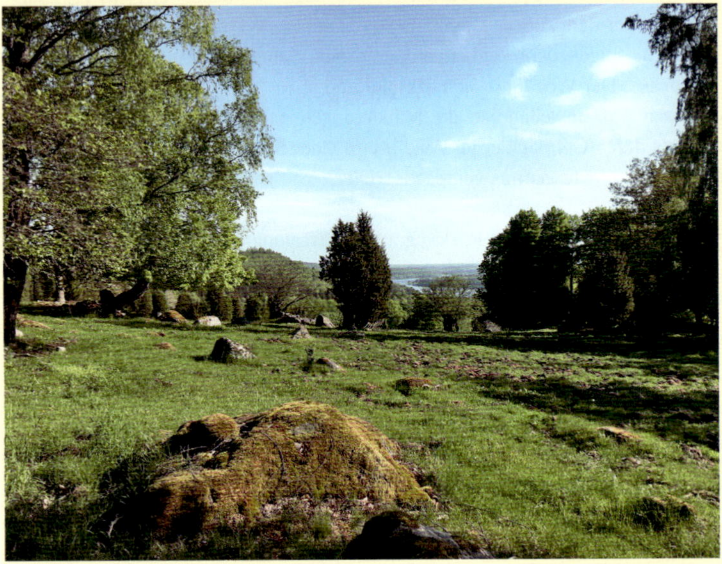

Ein schöner Ausblick auf der Anhöhe

☺ Dort können Sie am Seeufer nistende Wildenten und Gänse beobachten.

Der Schotterweg endet an einem Waldweg. An der nächsten Kreuzung im Wald gehen Sie dann nach links (6,8 km). Der Weg mündet in eine Schotterstraße, die Sie aus dem Naturreservat herausführt, vorbei an einigen Häusern. Sie passieren eine Bucht des Halensees.

An der nächsten asphaltierten Straße gehen Sie nach links (8,3 km). Sie wandern auf dem Halenvägen am Ufer des Sees entlang, bis linker Hand der Campingplatz **Halens Camping** sichtbar wird (9 km). Der Weg in die Stadt führt Sie vorbei an Campingplatz und Rastmöglichkeiten auf der rechten Seite an der Straße entlang. Sie kommen bald in ein Wohngebiet, wo die Straße endet.

An der Järnvägsgatan gehen Sie dann nach links bis zu einem Bahnübergang, wo Sie rechts abbiegen. Nach dem Bahnübergang überqueren Sie auch die Schnellstraße Nr. 15 und orientieren sich geradeaus auf die Båtsmansgatan. Am Ende der Straße wenden Sie sich nach links. Die Straße bringt Sie bis zum Stadtzentrum (11,2 km), wo Sie den gut bekannten Fluss Holjeån wiedertreffen.

Olofström

Olofströms Turistbyrå, Östra Storgatan 24, 293 34 Olofström, 04 54/30 94 00, info@visitolofstrom.se, www.visitolofstrom.se, Mo-Mi 10:00-12:00, Do 13:00-15:00, Fr-So geschlossen.

First Hotel Olofström, Ågatan 3, 293 34 Olofström, 04 54/30 12 30, olofstrom@firsthotels.se, www.firsthotels.se, Check-in: Mo-Fr 6:00-23:00, Sa 7:30-23:00, So 7:30-22:00, saisonabhängige Preise für ein Einzelzimmer €€€-€€€€, WiFi

Halens Camping, Halenvägen 321, 293 39 Olofström, 04 54/402 30, info@halenscamping.se, www.halenscamping.se, Check-in: tägl. 9:00-18:00 (14.06.-11.08. 9:00-21:00), Camping €, Zimmer/Hütte €€-€€€. Der sehr schöne, am Halensee gelegene Campingplatz befindet sich direkt am Weg nach Olofström und ist ca. 2 km vom Stadtzentrum entfernt.

Maxi ICA Markt, Ekhagsvägen 2, 293 40 Olofström, 04 54/30 12 00, ica.se, tägl. 7:00-22:00. Im Eingangsbereich des großen Supermarkts gibt es einen Info-Point mit Informationen über und Möglichkeiten in der Stadt.

Lidl, Idrottsvägen 4, 293 33 Olofström, Mo-Fr 8:00-20:00, Sa 8:00-18:00, So 9:00-18:00

Storgatan-Apotheke, Östra Storgatan 34, 293 34 Olofström, Mo-Fr 9:00-18:00, Sa 9:00-13:00

♦ **Hjärtat-Apotheke**, Östra Storgatan 38, 293 34 Olofström, Mo-Fr 9:00-18:00, Sa 9:00-13:00

BANK **Geldautomat**, Östra Storgatan 11, 293 34 Olofström

Postnord, Östra Storgatan 41, 293 34 Olofström

Um dem regulären Weg zu folgen, gehen Sie nach links und für ca. 200 m auf die Schotterstraße, bevor Sie diese nach rechts auf einen Waldpfad verlassen. Wenn Sie auf eine Schotterstraße stoßen, wenden Sie sich nach links. Sie wandern nun unterhalb einer Stromtrasse, bis Sie an einer breiten Schotterstraße ankommen (5,5 km).

Nach 300 m verlassen Sie sie nach rechts in den Wald. Der Pfad ist schmal und verläuft auf- und abwärts, bis Sie wieder auf die Stromtrasse stoßen. Diese verlassen Sie nach 100 m nach rechts. Auf dem Pfad bekommen Sie die Gelegenheit, einen Blick auf den See rechter Hand zu werfen. An einer Schotterstraße angekommen weisen die Markierungen nach links. Schauen Sie auf Ihre rechte Seite, wo Sie die Straße nach ca. 150 m wieder verlassen. Sie laufen etwas über grobes Geröll und kommen bald am Ufer des Raslångensees an (8,3 km). Der Pfad bringt Sie zum **Shelterplatz Bökestad**. Hier finden Sie zwei überdachte Stellen: eine direkt am Wasser mit Feuerstelle, eine weitere, wenn Sie dem Weg für weitere 50 m nach oben folgen ❹ (8,9 km).

Gehen Sie am Shelterplatz vorbei und überqueren Sie den See über die Holzbrücke. Hinter der Brücke finden Sie auf der linken Seite einen **Brunnen**. Die Markierungen weisen hinter der Brücke nach rechts auf einen gut begehbaren Waldpfad entlang des Ufers. Es bietet sich immer wieder an, einen Blick auf den See zu werfen. Über eine Holztreppe kommen Sie auf eine Weidefläche mit einem kleinen Bach. Unterhalb einer Stromtrasse vorbei verlassen Sie diese durch ein Holztor (9,6 km).

Bald kehren Sie dem See den Rücken zu und wandern für ca. 700 m auf dem Weg, der im Verlauf breiter wird, durch den Wald bergauf. Sie erreichen eine gerodete Fläche und der Weg führt zu einem Wendekreis (10,8 km).

✋ Hier fehlten die Markierungen teilweise.

Orientieren Sie sich nach rechts und gehen Sie für 100 m auf die Schotterstraße, bevor Sie diese wieder nach links in den Wald verlassen. Sie laufen wieder auf den Raslångensee zu. In Ufernähe folgen Sie dem Weg auf und ab.

Hinter einem Fluss mündet der Pfad in einen breiteren Schotterweg. Nach wenigen Metern erreichen Sie eine Informationstafel und ein Plumpsklo auf der rechten Seite. Daneben führt Sie ein Pfad bergab zum See und zum schönen **Shelterplatz Fuglabacken** mit einer Feuerstelle ❺ (12,4 km). Er liegt direkt am Raslångensee.

☹ Weiterhin verläuft die Strecke vorwiegend auf Schotter- und Waldwegen durch den Forst und nicht so attraktive gerodete Forstflächen ohne großen Reiz. Halten Sie durch und machen Sie sich schöne Gedanken, Sie werden am Ziel belohnt!

Vorbei an einer Informationstafel wandern Sie an der Straße aufwärts durch den Wald bis zu einem Wendekreis. Dort gehen Sie halb links weiter und folgen der Straße für 150 m, bevor Sie sie nach links auf eine weitere Schotterstraße verlassen.

Vorbei an einem roten Haus laufen Sie auf einem Waldweg etwas bergauf. Er mündet vor einer Weidefläche in eine befestigte Straße, der Sie dann nach rechts bis zum Ende folgen. An der relativ breiten Weggabelung (14,1 km) orientieren Sie sich nach links, gehen aber nur 100 m auf der Schotterstraße, bevor die Wegweiser Sie nach halb rechts auf einen Waldweg führen.

⇘ ⌘ Wenn Sie von der breiten Schotterstraße scharf rechts für etwa 200 m auf einem kleinen Pfad wandern, erreichen Sie nahe am Weg gelegene Ruinen. Bei den sogenannten **Månses** handelt es sich um gut erhaltene, typische Hofruinen aus dem 18. Jh. mit gut dokumentierter Geschichte.

Nach 400 m wechseln Sie an einer Linkskurve geradeaus auf eine unbefestigte Straße. Da die Straße mit schweren Maschinen genutzt wird, ist der Boden etwas schwer zu begehen. Der Weg ist mit einigen Unterbrechungen insgesamt übersichtlich.

An der nächsten Weggabelung biegen Sie links ab und gehen dann nach weiteren 100 m am Ende des Weges nach rechts auf eine Schotterstraße (16 km). Sie wandern durch eine junge Forstfläche, bevor Sie an einem moosbewachsenen Wald ankommen. Nach 600 m endet die Straße. Sie biegen links ab und folgen 150 m einem breiteren Schotterweg. Vor einer Rechtskurve verlassen Sie den Weg nach links. Sie wandern an dem einzigen Haus rechts vorbei, überqueren die Teerstraße Mjönäsvägen ❻ (17 km) und gehen wenige Meter nach rechts, bevor Sie die Straße vorbei an einer Schranke wieder nach links verlassen. Sie kommen zu einem roten (Ferien-)Haus, wo Sie auf einen Pfad halb rechts Richtung Wald laufen. Nach dem Überqueren einer Schotterstraße gehen Sie weiter geradeaus und kommen nach einem kurzen Waldabschnitt an einem Haus vorbei. Vor einer Lichtung gehen Sie nach rechts. Der Weg endet an der vorhin überquerten Schotterstraße, der Sie jetzt nach links folgen (18,6 km).

Der Weg verläuft zu und dann neben dem See **N. Skärsjön** auf der rechten Seite ❼ (19,1 km). Folgen Sie dem Wegweiser nach 800 m nach rechts auf einen Pfad Richtung See. Der unbefestigte Weg führt teilweise sehr nahe am Wasser entlang. Nach 300 m kommen Sie in einen sehr dicht bewachsenen, dunklen Forst.

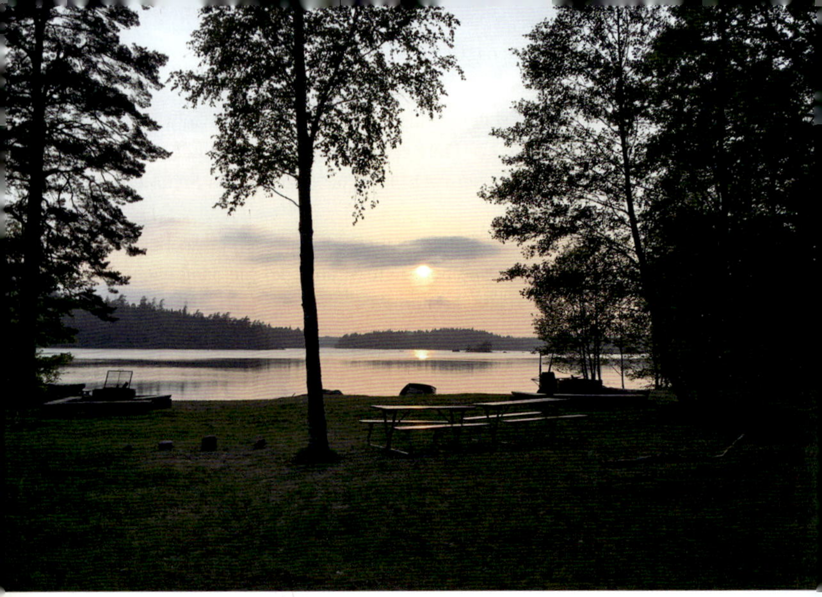

Sonnenuntergang am Immelnsee, Shelterplatz Brotorpet

Nach dem Gruselwald erreichen Sie einen Weg, hier biegen Sie links ab. Am Ende des Weges gelangen Sie an einen breiten Schotterweg (20,4 km). Wenden Sie sich nach links und gehen Sie an der ersten Kreuzung nach rechts. Nach 300 m biegen Sie nach links in den Wald ab und laufen an der Informationstafel „**Naturreservat Brotorpet**" vorbei.

Das **Naturreservat Brotorpet** hat eine Fläche von 38 ha und umfasst die alten Buchenwälder am Ostufer des Immelnsees.

Der Weg bringt Sie zum **Immelnsee**.

Der **Immelnsee** ist ein beliebter See in Südschweden mit klarem Wasser. Er wird aufgrund seiner vielen Buchten und einiger Inseln gerne zum Kanu- und Bootfahren genutzt. Außerdem ist er ein beliebter Angelsee. Die bewaldeten Uferbereiche verleihen ihm eine beruhigende und idyllische Atmosphäre. Angelscheine können leider nur im 14 km entfernten kleinen Ort Immeln erworben werden. Dort gibt es einen Campingplatz, einen Kanuverleih sowie ein Wanderheim.

Sie gehen über einen kleinen Damm, der über einen Abfluss des Immelnsees gebaut ist, und folgen dem Weg für wenige Meter, bis Sie an einer Wiese vor dem See stehen. Rechts befinden sich ein Wasserbrunnen und Toiletten, 50 m weiter am Ufer gelangen Sie zum **Shelterplatz Brotorpet** (22,2 km).

Am **Shelterplatz Brotorpet** finden Sie eine Feuerstelle und Sitzmöglichkeiten mit herrlichem Blick über den See.

4. Etappe: Brotorpet – Vesslarp

12,8 km, 3 Std. 40 Min., ↑ 198 m, ↓ 185 m, ⇧ 82-119 m

0,0 km	⇧ 89 m	Shelterplatz Brotorpet
1,8 km	⇧ 82 m	Tuesjön
3,2 km	⇧ 90 m	Grundstück mit rotem Haus
4,5 km	⇧ 91 m	Schild der Osby-Kommune
10,3 km	⇧ 99 m	zwei rote Häuser
12,5 km	⇧ 107 m	Informationstafel
12,8 km	⇧ 104 m	Shelterplatz Vesslarp

Die heutige Route ist bewusst kurz gewählt. Sowohl am See Immeln als auch später am Shelterplatz Vesslarp haben Sie die Möglichkeit, sich etwas auszuruhen und an idyllisch gelegenen Plätzen in Wassernähe die Seele baumeln zu lassen. Die heutige Etappe verläuft durch viele Forst- und Waldflächen. Die Wege sind gut markiert und führen meist über wenig befahrene Schotter- und Waldstraßen.

Zunächst gehen Sie hinter dem Shelterplatz in den Wald. Sie kehren dem Immelnsee den Rücken und laufen einen kurzen Abschnitt einen Hang hinauf. Auf der anderen Seite folgen Sie dem Pfad wieder hinab. An der Schotterstraße angekommen gehen Sie nach rechts und folgen dieser bis zum schon bekannten Mjönäsvägen (0,8 km). Überqueren Sie die Straße und gehen Sie für einige Schritte nach links, bevor Sie nach 100 m nach rechts auf eine Schotterstraße abbiegen. Der Weg verläuft neben dem See Hallsjön.

Nach 200 m auf der Schotterstraße zeigen die Wegweiser nach links auf einen Pfad in einen mit Moos bedeckten Fichtenwald. Einige umgestürzte Bäume sind zu umgehen. Sie wandern am See Tuesjön ❶ rechter Hand vorbei (1,8 km).

Versteckte Markierungen: Hinter dem See haben Sie einen Bach auf der rechten Seite. Sie müssen über eine kleine Brücke nach rechts gehen (2 km).

Nach wenigen Metern gelangen Sie zu einer Schotterstraße und gehen nach links. Sie wandern über eine Lichtung bis zu einem Wendekreis mit einem Hochsitz, wo die Straße endet (2,5 km). Auf einem unbefestigten Pfad geht es geradeaus in den Wald.

Aus dem Wald heraus gehen Sie über ein Grundstück mit roten Häusern auf einem Hof ❷ (3,2 km) auf eine Schotterstraße zu und bleiben auf dieser, bis Sie an einer Teerstraße ankommen (3,9 km). Dort gehen Sie nach links bis zu einer Kreuzung. An der Kreuzung laufen Sie 50 m nach rechts, bevor Sie die Straße überqueren und auf der anderen Seite einen Waldweg zwischen zwei Feldern nehmen. Der Weg führt Sie über eine Holzbrücke über einen kleinen Bach. Er markiert die Grenze zwischen Blekinge und Skåne Län. Sie sehen außerdem das Schild der Osby-Kommune ❸ (4,5 km).

An der nächsten Teerstraße gehen Sie für 50 m nach links, bevor Sie rechts neben sieben in den Boden gesteckten Steinplatten nach rechts auf die Schotterstraße abbiegen. Der Weg verläuft nun durch Forstflächen und bewaldete Gebiete auf gut markierten Schotterstraßen.

Vor einer Schranke biegen Sie nach links ab und bleiben auf der Schotterstraße. Nach 100 m geht es an einer Weggabelung halb links weiter, am nächsten Abzweig halb rechts.

Bei km 5,8 verlassen Sie die Schotterstraße vor einer Rechtskurve und laufen geradeaus auf einen Waldweg. Sie wandern etwas abwärts und kommen an einem roten Haus zu Ihrer Linken vorbei. Am Haus und an der Schranke vorbei gehen Sie nach rechts auf einen Schotterweg (6,8 km). Bleiben Sie für etwa 300 m auf dem Weg, bevor Sie diesen vor einem Steinblock nach links auf einen Pfad in den Wald verlassen. Nach 450 m gelangen Sie wiederum an eine breite Schotterstraße und gehen erst nach rechts und dann nach links. Hinter einem Wendekreis wandern Sie auf einer weiteren Schotterstraße mit dunklem Kies durch junge und alte Forstflächen.

An einem Abzweig mit einer Brücke (8,9 km) folgen Sie dieser nach rechts und biegen nach 200 m nach links in eine Waldstraße ein. An der nächsten Abzweigung folgen Sie dem Weg halb rechts hinauf bis zu einer Ruine mit einem Steintor. Sie gehen für 50 m an einer Steinmauer entlang, um anschließend scharf

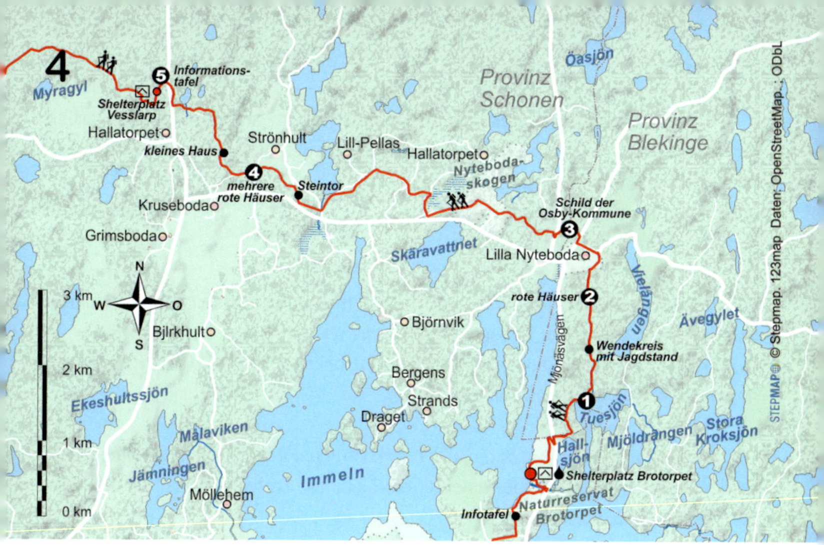

links auf einen weiteren Pfad zu wandern. Auf dem sich durch den Wald schlängelnden Weg finden sich immer wieder orangefarbene Markierungen an den Bäumen und leicht versteckte Pfeile.

An einer roten Villa gehen Sie über eine Holzbrücke auf einen Schotterweg. Der Weg führt erst nach links und dann rechts an Grundstücken und zwei roten Häusern vorbei ❹ (10,3 km).

Nach 300 m überqueren Sie über eine Brücke einen kleinen Fluss und gehen direkt dahinter nach rechts. Wenig später laufen Sie über eine Schotterstraße und weiter geradeaus durch eine gerodete Forstfläche bis zu einer weiteren Schotterstraße. Biegen Sie hier rechts ab und wandern Sie bis zu einem roten Häuschen, wo die Straße endet (11 km). Geradeaus geht es auf einem Waldweg weiter. 500 m weiter wenden Sie sich nach links und folgen der Straße für 300 m, bevor Sie sich am Ende der Straße rechts halten.

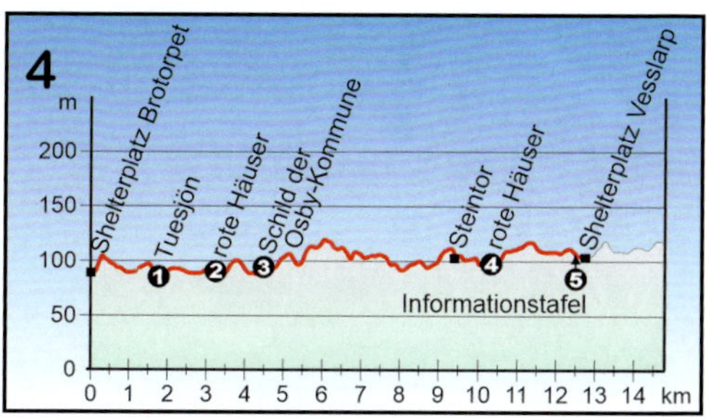

An der Landstraße angekommen legen Sie 30 m am Straßenrand zurück, bevor Sie halb rechts auf einen breiten Schotterweg parallel zur Landstraße laufen. 400 m weiter müssen Sie die Landstraße überqueren und gehen auf der gegenüberliegende Seite geradeaus. Nach 50 m sehen Sie eine **Informationstafel** auf der linken Seite ❺ (12,5 km).

Skogsstyrelsen: Diese von Europa geförderte Institution setzt sich unter anderem beim WAMBAF-Projekt für sauberes Wasser in der Natur im Ostseeraum ein (WAMBAF = Water Management in Baltic Forests). Dieses Projekt wird von der Europäischen Union finanziell unterstützt.

An der Tafel gehen Sie nach links und kommen auf einem Pfad zu zwei aneinandergereihten Brücken über einen Fluss. Dahinter wartet der Shelterplatz **Vesslarp** auf Sie (12,8 km).

Der **Shelterplatz Vesslarp**, ruhig und im Wald gelegen, bietet die Grundausstattung eines Shelterplatzes.

Der Shelterplatz Vesslarp liegt an einem Fluss

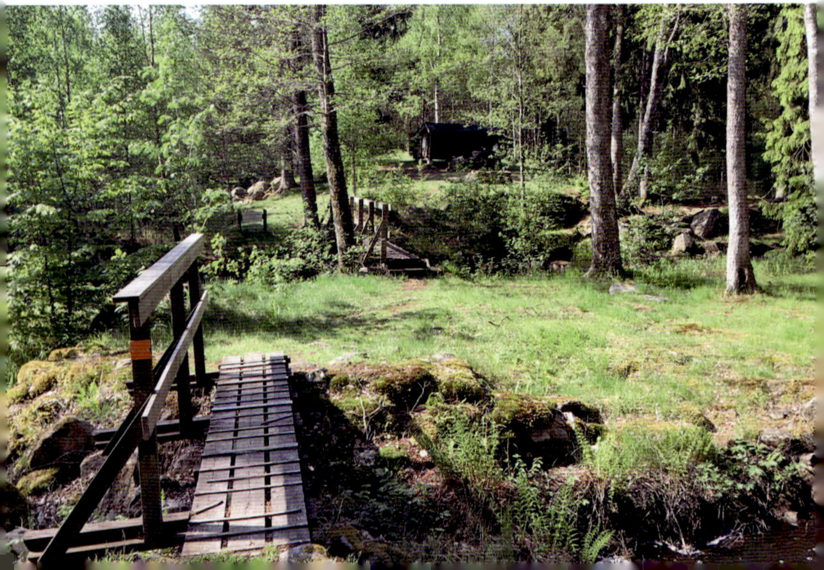

5. Etappe: Vesslarp – Glimåkra

➲ *18,8 km,* ⌛ *5 Std. 20 Min.,* ↑ *271 m,* ↓ *272 m,* ⇧ *74-124 m*

0,0 km	⇧ 104 m	Shelterplatz Vesslarp
2,7 km	⇧ 111 m	Vesslarp Veterinärklinik
6,8 km	⇧ 105 m	Vesslarpssjön
9,5 km	⇧ 100 m	Abzweige nach Breanäs (19 km) und Sibbhult (12,3 km)
10,6 km	⇧ 106 m	Simontorps kulturvandringar ⌘
12,0 km	⇧ 109 m	großer Bauernhof
16,4 km	⇧ 104 m	Steintafel mit der Aufschrift „Dopkällan“
18,1 km	⇧ 79 m	Trollbadet
18,8 km	⇧ 103 m	Shelterplatz Glimåkra

Die heutige Etappe verbindet Natur und Kultur. Sie wandern durch Wälder, kommen an Seen vorbei und können fast 1.000 Jahre alte Ruinen bestaunen. Nach 9,5 km haben Sie die Möglichkeit, einen 19 km langen Abstecher nach Breanäs zu unternehmen. Am Ende der Route können Sie einen Abstecher in die Stadt Glimåkra machen und Ihre Vorräte aufstocken.

Vorbei an der Informationstafel mit Karte neben dem Shelterplatz lassen Sie den Fluss hinter sich und gehen auf einem Pfad weiter, den Sie nach 120 m nach rechts in den Wald verlassen. Der Skåneleden verläuft durch Forstflächen und ruhige Landschaften. Sie folgen ihm über die Schotterstraße und gehen geradeaus auf einen Waldweg (800 m). Nach einem kurzen Waldabschnitt kommen Sie auf einen Schotterweg, auf dem Sie 500 m geradeaus laufen.

Es geht nach links von der Straße ab. Folgen Sie dem Wegweiser durch den Wald, bis Sie zu der nächsten Schotterstraße kommen, und biegen Sie dann vor den Häusern nach links ab. Folgen Sie der Straße mit den Steinmauern rechts und links bis zur **Vesslarp Veterinärklinik** ❶ (2,7 km).

☞ Die etwas versteckten Wegweiser und aus der Ferne nicht sichtbaren Abzweigungen fordern in den nächsten 3 km etwas mehr Aufmerksamkeit, um auf der Route zu bleiben.

Zunächst geht es für 300 m scharf rechts auf eine breite Schotterstraße. Ein unscheinbarer Pfad führt Sie dann nach links ins Gebüsch. Der junge und dicht bewachsene Forst ist düster und das Gehen ist hier etwas schwer. Eine Holzbrücke bringt Sie über einen kleinen Fluss zu einer gerodeten Fläche und einer Schotterstraße.

☹ Der reguläre Weg verläuft erst halb rechts und nach wenigen Schritten nach links in den Wald.

☺ Dieser ungepflegte und schwer begehbare Abschnitt kann übersprungen werden, indem Sie am Schotterweg direkt entlang des schönen Bauernhofes nach links gehen statt am Hang parallel zur Straße.

Lassen Sie die Wiese mit dem schönen Teich links liegen. Sie verlassen die Schotterstraße hinter einer Abzweigung nach links auf einen etwas hügeligen Pfad (3,9 km). Er endet nach 400 m wieder an der Schotterstraße. An einer Abzweigung von der Straße gehen Sie geradeaus weiter.

Der nächste Wegabschnitt bringt Sie von Osten kommend über die Nordseite des **Vesslarpssjön** nach Westen. Sie bekommen immer wieder die Möglichkeit, zum See zu laufen bzw. am See zu rasten. Rechts und links sehen Sie den Unterschied zwischen bewaldeten Forstflächen und gerodeten Flächen. Sie laufen mehr oder weniger parallel zum See nach Norden.

Am Ende der Straße biegen Sie nach links auf eine weitere Schotterstraße nach Westen ab (5,7 km). Sie wandern ca. 600 m und wechseln vor einer Rechtskurve nach links auf einen Pfad. Dieser bringt Sie am westlichen Ufer des Sees nach Süden. Nach einem kurzen Abschnitt durch gerodeten Forst kommen Sie in den Wald und laufen auf den See zu. Dort finden Sie eine Feuerstelle und Sitzmöglichkeiten ❷ (6,8 km).

Sie wandern über von Geröll bedeckten Waldboden. Der Weg selbst ist teilweise schwer ausfindig zu machen, aber die Markierungen an den Baumstämmen sind ausreichend zu sehen. Bald kehren Sie dem See den Rücken zu und gelangen am Ende des Weges an eine Schotterstraße. Gehen Sie für 50 m nach rechts, bevor Sie die Straße auf einen Pfad nach scharf links wieder verlassen. Der Weg verläuft durch einen schönen Wald mit teilweise gerodeten Stellen, über Holzstege und schmale Pfade bis zu einer Schotterstraße mit einigen Wegweisern nach **Breanäs** und **Sibbhult** ❸ (9,5 km).

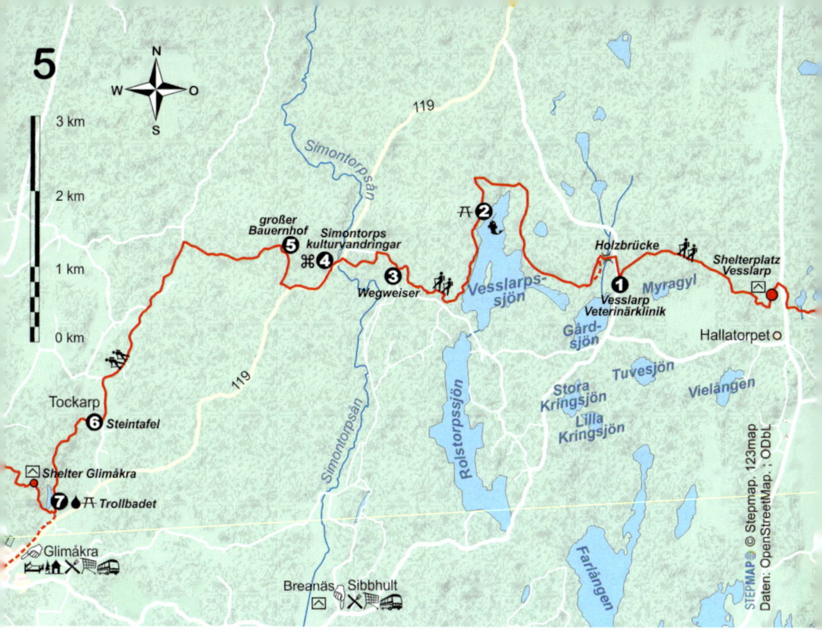

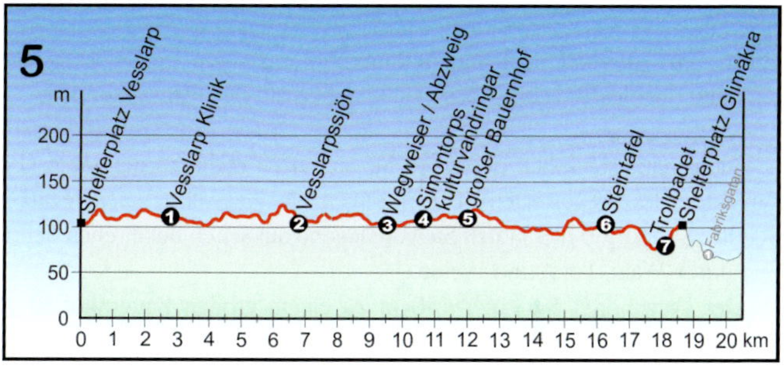

Der Ort **Breanäs** liegt 19 km entfernt am westlichen Ufer des Immelnsees und bietet einen Shelterplatz zum Übernachten. Dieser Abstecher wird von mir allerdings nicht empfohlen, weil der Weg dorthin unübersichtlich und ungepflegt ist. Zudem sind 19 km hin und wieder zurück zwei Tagesetappen auf derselben Strecke.

↳ Nach der Hälfte des Weges Richtung Breanäs haben Sie die Möglichkeit, nach **Sibbhult** ✕ 🛒 🚌 (➲ 12,3 km) zu wandern. In der Stadt finden Sie neben einem COOP-Supermarkt auch eine Busstation.

Für die Route nach Glimåkra biegen Sie an der Wegabzweigung nach rechts auf die Schotterstraße und nach 20 m nach links ab. Nach 400 m zeigen die Wegweiser nach links auf einen gut begehbaren Waldweg. Angekommen an der Landstraße 119 überqueren Sie diese und gehen für 50 m am Seitenstreifen nach links. An einer alten Brücke wenden Sie sich nach rechts in Richtung eines Parkplatzes. Dort finden Sie ⌘ **Simontorps kulturvandringar** ❹ (10,6 km).

⌘ FUN **Simontorps kulturvandringar**: Wie der Name bereits verrät, geht es hier um eine konzipierte Wanderung auf einer ehemaligen, typisch schwedischen Farm aus dem 18. Jh. An verschiedenen Stationen wird das Leben der Menschen veranschaulicht.

♦ 💻 www.simontorpkonsult.se

Sie gehen weiter geradeaus und kommen wieder zu der Landstraße, der Sie in Laufrichtung folgen.

☹ Bald kommen Sie an einem Bauernhof mit einem Trinkwasserschild vorbei. Ich habe dort leider keine Wasserstelle außerhalb der Farm gefunden.

Hinter einer Linkskurve wenden Sie sich nach rechts in den Wald (11,4 km). Am Ende des Weges nach 100 m zeigen die Wegweiser nach rechts auf eine Schotterstraße. Ab hier laufen Sie vorwiegend auf selten befahrenen Schotterstraßen durch Wald, Forst und Weide.

Der Weg bringt Sie nach 450 m zu einem **großen Bauernhof** ❺ (12 km). Gehen Sie außen herum und lassen Sie den Hof rechts liegen. An einem kleinen Teich hinter dem Bauernhof biegen Sie links ab. Sie laufen den Weg bis zum Schluss und gehen anschließend nach links (13,6 km).

Sie wandern 2,3 km bis zu einer Weggabelung bei mehreren schönen, alten Landhäusern. Biegen Sie nach links ab und folgen Sie dem Weg für 500 m. Sie können auf der rechten Seite eine ungewöhnlich gestaltete, aufgeräumte und schön anzusehende Weidefläche bewundern. Am Ende der Weide sehen Sie eine **Steintafel** mit der Aufschrift „Dopkällan" ❻ (16,4 km).

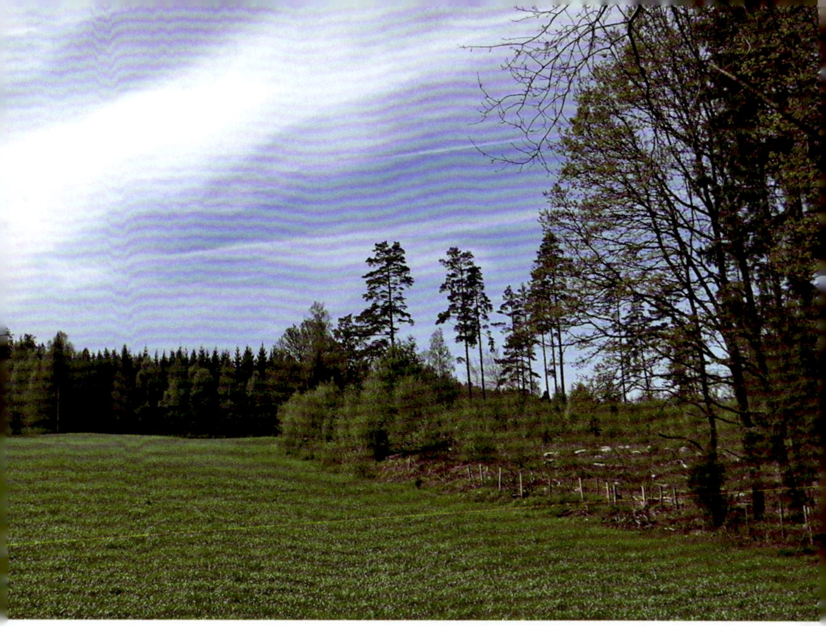

Wiese und Wald in der Nähe von Tockarp

⌘ Es handelt sich um einen Teil der historischen Ruine eines alten Dorfes namens „Tockarp". Dort gibt es einige Opfersteine aus heidnischer Zeit, die für Nordskåne selten sind. Dopkällan ist eine mittlerweile stille Wasserquelle, die um das Jahr 1000 n. Chr. als christliche Taufquelle diente. Siegfried von Växjö und seine drei Neffen gelten als die ersten (erfolgreichen) Missionare in Schweden. Die Quelle wird auf Vinaman, einen der drei Neffen, zurückgeführt.

Gehen Sie am Stein vorbei nach rechts auf die Schotterstraße. An der nächsten Weggabelung orientieren Sie sich geradeaus auf einen Waldpfad. Der Abschnitt führt Sie über eine kleine Holzbrücke über einen Bach und vor einem Hügel nach links.

An der nächsten Schotterstraße gehen Sie ebenfalls nach links. Der Weg verläuft durch einen schönen Nadelwald, bis Sie neben dem **„Trollbadet"** aus dem Wald kommen ❼ (18,1 km). Am Freibad finden Sie neben Trinkwasser auch Sitzmöglichkeiten und Toiletten. Nehmen Sie sich Wasser mit, da der Shelterplatz Glimåkra keine Wasserstelle besitzt.

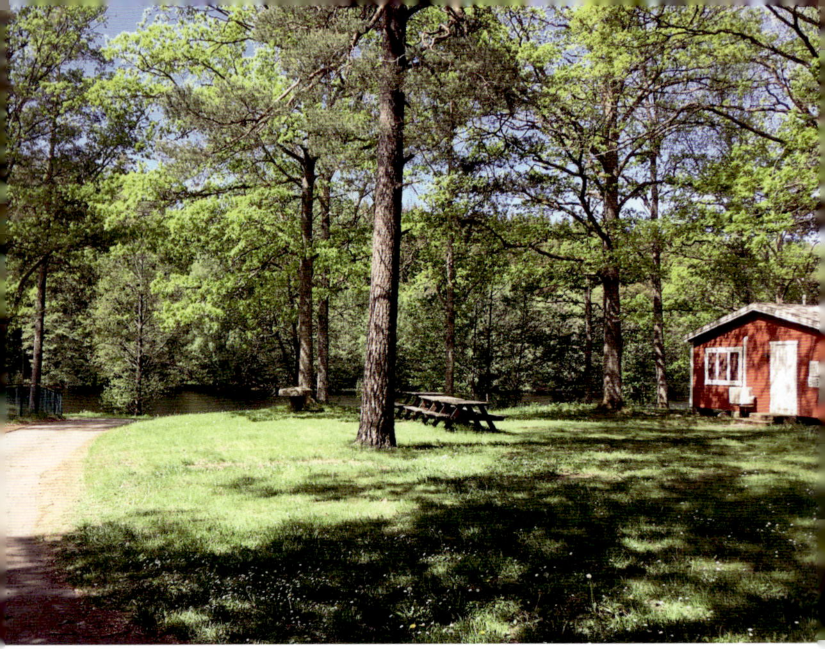

Trollbadet

Wenn Sie in die Stadt Glimåkra gelangen wollen, gehen Sie hier am Badeplatz vorbei geradeaus etwas aufwärts bis zum Lönsbodavägen und folgen diesem in Laufrichtung 1,7 km bis ins Stadtzentrum.

Glimåkra

Restaurang Västergård, Ågagatan 14, 280 64 Glimåkra, ☏ 044/432 00, info@restaurangvastergard.se, www.restaurangvastergard.se, 8:00-15:30. Die einfach gehaltene Unterkunft bietet neben einem Restaurant zehn Zimmer mit Doppelbett, €€. Eine telefonische Voranmeldung für Übernachtungen ist mindestens drei Tage vor Ankunft erwünscht.

Glimåkra Folkhögskola, Gamla Sibbhultsvägen 5, 289 46 Glimåkra, ☏ 044/448 00, info@glimnet.se, www.glimnet.se, EZ €€, DZ €€€, Handtuch und Bettwäsche SEK 100, ganzjährig geöffnet, Mo-Do 8:00-18:00, Fr 8:00-15:00, am Wochenende nicht besetzt. Falls Sie am Wochenende ankommen werden, ist eine Voranmeldung während der Öffnungszeiten in der Woche notwendig.

🛒 **ICA Nära**, Storgatan 12A, 280 64 Glimåkra, 💻 www.ica.se, 🚪 tägl. 7:00-21:00

⌘ **loom Museum** (Webstuhlmuseum), Hantverksgatan 14, 280 64 Glimåkra. Das Museum mit historischen Webgeräten besitzt eine umfangreiche Textilbibliothek.

Hinter dem Badeplatz finden Sie rechter Hand einen Parkplatz, den Sie überqueren. Halten Sie sich rechts. Über eine kleine Brücke geht es kurz steil aufwärts in den Wald. Oben angekommen erreichen Sie den **Shelterplatz Glimåkra** (18,8 km).

⌂ **Shelterplatz Glimåkra**, einfache Grundausstattung, am höchsten Punkt des Hügels im Wald gelegen

6. Etappe: Glimåkra – Osby

16,4 km, 5 Std. 30 Min., ↑ 223 m, ↓ 247 m, ⇧ 53-104 m

0,0 km	⇧ 103 m	Shelterplatz Glimåkra ⌂
1,0 km	⇧ 68 m	Teerstraße Fabriksgatan
2,8 km	⇧ 79 m	kleiner See am Wasserwerk
5,7 km	⇧ 95 m	großer Hof
6,7 km	⇧ 57 m	Hof mit Wasserbrunnen
8,0 km	⇧ 61 m	Eskilstorpasjön
12,0 km	⇧ 72 m	Brücke über den Helgeån
14,1 km	⇧ 81 m	Schnellstraße (23)
16,2 km	⇧ 93 m	Osby Camping ⛺
16,4 km	⇧ 83 m	Shelterplatz Osby ⌂

Heute laufen Sie wieder an einigen historischen Gebäuden und Ruinen vorbei. Die Route verläuft meist über gut begehbare Schotterstraßen an Wiesen, Wäldern und kleinen Ortschaften vorbei. Zugegeben, auch einige weniger attraktive Abschnitte sind dabei. Das Ziel ist der Shelterplatz Osby vor der Stadt. Dort ist zu beachten, dass er im Sommer und während der Ferien vermehrt besucht und genutzt wird.

Vom Shelterplatz führt der Weg abwärts, teilweise über Treppen. Unten angekommen folgen Sie der Straße für 10 m nach rechts, bevor Sie nach links abbiegen. Nach einer kleinen Holzbrücke finden Sie Wegweiser, die nach rechts zeigen. An der nächsten Weggabelung müssen Sie die Wegweiser nach links beachten.

☝ An der Schotterstraße angekommen gibt es Wegweiser in beide Richtungen. Gehen Sie hier bitte nach links (0,7 km).

Das Sägewerk vor Ihnen wird wahrscheinlich nicht zu überhören sein. Bevor Sie dieses erreichen, verlassen Sie die Straße jedoch nach rechts auf einen Pfad. Nach 300 m sind Sie an der Landstraße **Fabriksgatan** angelangt ❶ (1 km). Nachdem Sie diese überquert haben, geht es auf der anderen Straßenseite geradeaus weiter. Sie laufen auf eine rote Villa zu, biegen aber rechts ab, bevor Sie das Tor erreichen.

Am Ende des Weges geht es durch ein Tor nach links auf einen weiteren Schotterweg, den Sie vor der ersten Rechtskurve nach halb links wieder verlassen. Der Weg verläuft teilweise parallel zum Fluss bis zu einem **kleinen See** neben einem **Wasserwerk** ❷ (2,8 km).

Lassen Sie den See links liegen, gehen Sie durch das Tor und über die Brücke. An der nächsten Weggabelung nehmen Sie den breiten Pfad, der nach rechts führt. An der Schotterstraße biegen Sie nach links ab und laufen den Weg hinauf bis zum Ende. Er mündet in eine breitere Schotterstraße, der Sie für ca. 100 m nach links folgen, bevor Sie sie nach rechts wiederum auf einen Schotterweg verlassen. Nach 300 m gehen Sie rechts etwas aufwärts auf einem Pfad durch einen Wald. Bei der nächsten Weggabelung wenden Sie sich ebenfalls nach rechts.

☝ Dieser Abschnitt verläuft auf Pfaden durch gerodeten und teilweise auch sehr dicht zugewucherten Forst. Manche der Wegweiser sind etwas versteckt oder durch Rodung verloren gegangen.

An einem Wendekreis angekommen steigen Sie in Laufrichtung halb links einen kleinen Hügel hoch. Nach 500 m überqueren Sie die Schotterstraße und gehen geradeaus durch den Busch. Durch eine weitere gerodete Fläche bringt Sie der Pfad bis zu einer Schotterstraße. Wenden Sie sich dort nach rechts. Nach nur 50 m mündet die Straße in eine breitere Schotterstraße, wo es nach links geht. Sie wandern an einen großen (Bauern-)**Hof mit roten Gebäuden** vorbei ❸ (5,7 km).

☝ Nach 250 m gehen Sie von der Straße runter nach rechts. Der unscheinbare Pfad verläuft etwas abwärts über eine Holztreppe auf eine Weide. Halten Sie sich links an der Steinmauer.

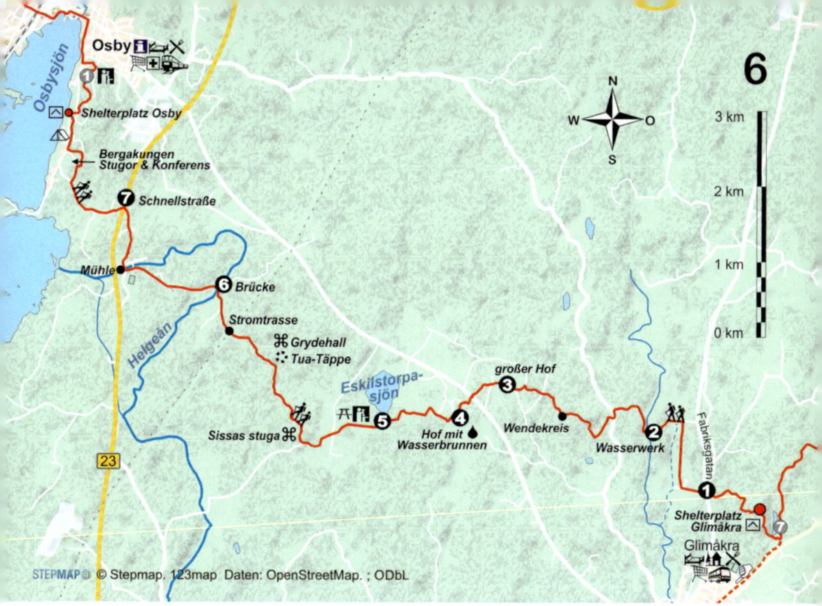

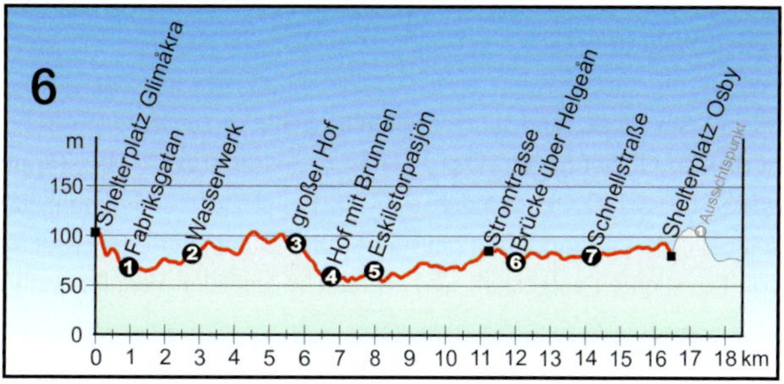

Bald verlassen Sie die Weide nach links durch eine unterbrochene Stelle in der Mauer über eine weitere Holztreppe. An der Teerstraße gehen Sie erst 20 m nach links, anschließend überqueren Sie diese und biegen rechts von der Straße ab. Vor einer jungen Forstfläche gehen Sie kurz nach rechts bis zur Schotterstraße, wo Sie sich nach links wenden. Der Weg führt Sie durch einen ländlichen Hof ❹ (6,7 km). Im Hof gibt es rechts einen **Wasserbrunnen** (6,7 km). (☺ Wer nett fragt, wird nicht enttäuscht.) Über den Hof, halb rechts durch das Tor, wandern

Sie zur Schotterstraße. Sie wenden sich für 20 m nach links, um bei der nächsten Möglichkeit nach rechts zu gehen. Der Weg verläuft 800 m neben Weideflächen und durch einen weiteren Bauernhof. An der ersten größeren Schotterstraße biegen Sie nach links ab und laufen 100 m aufwärts, bevor Sie sich an der Kreuzung nach rechts wenden.

Nach weiteren 100 m haben Sie auf der rechten Seite einen schönen Blick auf den **Eskilstorpasjön** ❺ (8 km). Der See selbst ist privat, Sie können aber an einer Bank Rast machen und die Aussicht genießen.

Der Schotterweg führt Sie an Feldern vorbei und mündet bald in eine weitere Schotterstraße, der Sie im Wegverlauf folgen. Lassen Sie die Bauernhöfe vor und nach einer Kreuzung rechts liegen und gehen Sie den kurzen Abschnitt am Waldrand entlang. Achten Sie auf die rechte Seite. In einer Linkskurve verlassen Sie die Straße nach rechts auf einen Schotterweg (9,2 km). Diesem folgen Sie nur für 100 m, bevor Sie auf einen Pfad nach links in den Wald abbiegen. Über eine Holztreppe gelangen Sie auf einen Schotterweg und folgen diesem nach links.

Vor der nächsten Weggabelung ignorieren Sie ein heruntergekommenes rotes Häuschen auf der rechten Seite und halten sich halb links. Der Weg wird schmaler und an einem etwas seltsamen Steintisch neben alten Steinruinen führt der Weg in den Wald (9,7 km).

⌘ Am Wegesrand sehen Sie einige Schilder zu den historischen Ruinen, die in diesem Gebiet liegen. Dazu gehören „Sissas stuga“, „Tua-Täppe“ und „Jättegrytan Grydehall“. Es handelt sich um Bauernhöfe und Wohnhäuser aus unterschiedlichen Jahrhunderten mit meist gut dokumentierter Geschichte. Sie wurden von Privatleuten aufgekauft und vor einem schnellen Verfall bewahrt.

Der Waldweg mündet nach 1,6 km in eine Schotterstraße, der Sie geradeaus folgen. Nach 300 m gehen Sie an der Weggabelung nach links über die Brücke ❻ (12 km).

Die Brücke über den **Helgeån** stammt aus dem 19. Jh. Der Fluss erstreckt sich über eine Länge von 200 km. Entlang seines Verlaufs gibt es zahlreiche Seen und Staudämme. Der Helgeån wurde auch genutzt, um einige Wassermühlen anzutreiben. Hinter der nächsten Brücke über den Fluss sehen Sie so eine Mühle. In der Nähe dieser Brücke befand sich Anfang des 20. Jh. ein Papierproduktionsbetrieb.

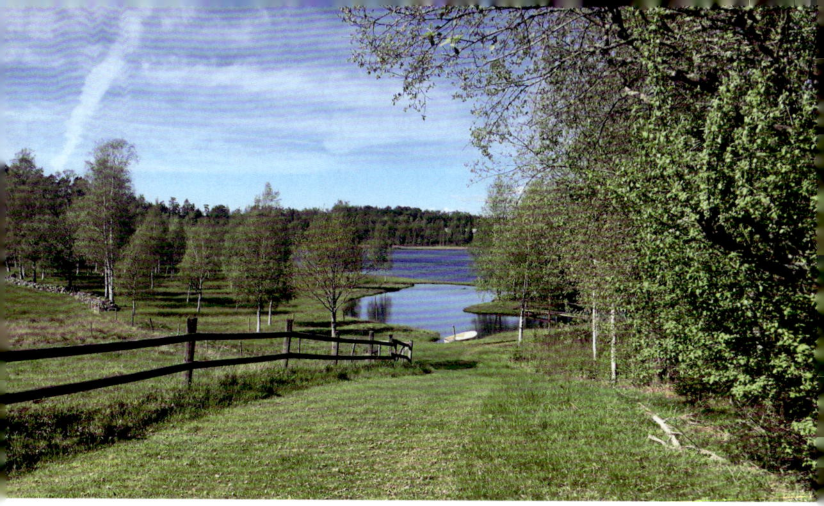

Blick auf den Eskilstorpasjön

Nachdem Sie die Brücke überquert haben, geht es für Sie geradeaus bis zum Ende des Schotterweges.

Auf Ihrem Weg finden sich sowohl Wegweiser, die nach rechts zeigen, wonach Sie mehrere Hundert Meter durch den Busch laufen, als auch Markierungen entlang der Schotterstraße. Ich empfehle den geraden Weg auf der Straße.

Am Ende des Weges biegen Sie rechts ab und treffen erneut auf den Helgeån. Gehen Sie über die Brücke und lassen Sie die Mühle links liegen. Sie wandern auf der breiten Schotterstraße, bis Sie an die viel befahrene **Schnellstraße 23** kommen ❼ (14,1 km). Nachdem Sie die Schnellstraße überquert haben, gehen Sie geradeaus auf die Straße Ebbarb. Der Weg führt Sie langsam wieder weg vom Straßenlärm durch einen kleinen Vorort von Osby.

Hinter einem großen Bauernhof auf der rechten Seite wenden Sie sich nach rechts (15,1 km). Vor den Ferienbungalows des **Bergakungen Stugor & Konferens** (15,3 km) biegen Sie ebenfalls nach rechts auf einen Pfad ab. An der nächsten Kreuzung können Sie sowohl geradeaus als auch links laufen. Leider fehlen dort die Markierungen. Beschrieben wird hier der Weg nach links. Folgen Sie dem Zaun, bis Sie an einen kleinen Parkplatz an die Straße (Ebbarpsvägen) gelangen (15,7 km). Gehen Sie hier nach rechts. Der Straße folgend sehen Sie linker Hand den See Osbysjön, der vom Helgeån gespeist wird.

Sie kommen am Campingplatz **Osby Camping** vorbei (16,2 km) und gehen direkt dahinter durch ein Holztor auf den See zu. An einer Art Kreuzung angekommen sehen Sie auf der linken Seite den Weg zum Wasser und dem **Shelterplatz Osby** (16,4 km). Der Shelterplatz liegt direkt am Osbysjön. In dem beliebten Angelsee finden Sie Hechte, Barsche und Karpfen. Am nördlichen Ufer des Sees liegt das Dorf Osby mit ca. 8.000 Einwohnern, dessen Ortskern Sie am Anfang der 7. Etappe erreichen.

Osby

Osby Turism, Västra Storgatan 35, 283 31 Osby, ☏ 04 79/52 80 00, osbyturism@osby.se, Mo-Do 8:00-16:30, Fr 8:00-16:00

Stora Hotellet Osby, Västra Järnvägsgatan 17, 283 31 Osby, ☏ 04 79/318 30, info@storahotelletosby.com, www.storahotelletosby.com, Mo-Do €€€€, Fr und Wochenende €€€. Das Hotel liegt sehr zentral und nur 100 m vom Weg entfernt. Es bietet neben einer angenehmen Atmosphäre freies WLAN und auch ein schönes Restaurant.

Osby Camping, Ebbarpsvägen 84, 283 43 Osby, ☏ 04 79/311 35, info@osbycamping.nu, www.osbycamping.nu, unterschiedliche Preise je nach Saison: Hütte €€-€€€, Zeltplatz €. Der Campingplatz liegt direkt am Weg.

Shelterplatz Osby: Der Shelterplatz liegt kurz hinter dem Campingplatz direkt am See. Beachten Sie, dass er in den Sommermonaten auch gerne von den Einheimischen als Treffpunkt genutzt wird.

COOP Osby, Västra Storgatan 39, 283 35 Osby, www.coop.se, tägl. 8:00-22:00

♦ **ICA Nära Kometen,** Kristianstadsgatan 15, 283 45 Osby, www.ica.se, Mo-Fr 6:30-21:00, Sa-So 8:00-21:00

Vårdcentralen Osby, Marklundavägen 10a, 283 42 Osby, ☏ 04 79/89 84 00, Mo-Fr 8:00-17:00

Die beliebte Halbinsel **Osby Näset** im Osbysjön bietet sich für einen kleinen Spaziergang an. Die Halbinsel ist gut zu Fuß vom Shelterplatz oder vom Campingplatz erreichbar. Dafür folgen Sie der Strandstraße Ebbarpsvägen für 1,2 bzw. 1,4 km nach Süden (von der Stadt weg). Auf dem ca. 1,8 km langen Rundgang mit einigen beeindruckenden Überraschungen finden Sie unter anderem eine Aussichtsplattform mit einem weiten Blick über die Bäume auf den See und die Stadt. Die Halbinsel und einige Wasserflächen im Westen der Halbinsel sind Teil des gleichnamigen Naturreservats.

7. Etappe: Osby – Verum

➲ *23,9 km,* ⌛ *6 Std. 50 Min.,* ↑ *355 m,* ↓ *351,* ⇧ *73-116 m*

0,0 km	⇧ 83 m	Shelterplatz Osby
0,8 km	⇧ 102 m	Aussichtspunkt
2,1 km	⇧ 75 m	Lisa und Göran
2,6 km	⇧ 78 m	Informationstafel/Unterführung
8,0 km	⇧ 91 m	Christusstein
14,3 km	⇧ 87 m	Helgeån
17,2 km	⇧ 99 m	Informationstafel
22,6 km	⇧ 87 m	Kirche in Verum
23,9 km	⇧ 82 m	Shelterplatz Verum

Denken Sie an Ihre Vorräte, bevor Sie Osby verlassen. Die Stadt bietet die letzte Möglichkeit zum Einkaufen für die nächsten zwei Etappen. Erst in Vittsjö (10. Etappe) gibt es wieder Einkaufsmöglichkeiten. Leider kommen Sie auch bis zum Ziel nicht so richtig an Trinkwasser. Kurz vor dem Shelterplatz in Verum können Sie Wasser neben der Kirche in Verum zapfen, es muss vor dem Verzehr aber unbedingt abgekocht werden. Sie wandern viel auf gut begehbaren Schotterwegen.

Zum Aufwärmen gehen Sie heute erst einmal etwas aufwärts. Dafür müssen Sie den Weg geradeaus bis zum Ebbarpsvägen hinauflaufen, diesen überqueren und über eine kleine Holzbrücke geradeaus zu einem breiten Schotterweg gehen, wo Sie nach links abbiegen. Achten Sie auf die linke Seite. Biegen Sie bei der ersten Gelegenheit nach links auf einen Schotterweg ab, um nach 50 m wieder nach links zu gehen.

Sie kommen an einen **Aussichtspunkt** mit Blick über den Osbysjön und die Stadt ❶ (0,8 km). Folgen Sie dem Verlauf der Straße für weitere 50 m, bevor Sie diese auf einen schmalen Pfad nach halb links wieder verlassen.

Die teilweise etwas versteckten Wegweiser führen Sie am Abhang abwärts in Richtung See. Bald landen Sie in einem Wohngebiet. Lassen Sie die ersten Häusern rechts und links liegen und gehen Sie bis zum Ebbarpsvägen (1,2 km), wo Sie sich nach rechts wenden. Entlang des Seeufers spazieren Sie immer geradeaus, bis Sie an einer größeren Kreuzung vor einer Tankstelle stehen (1,8 km).

Gehen Sie hier nach links und über die Brücke bis zum Park am See. Vor dem Parkplatz halten Sie sich links und laufen wiederum in Richtung See.

⌘ Dort sehen Sie Göran und Lisa. Lisa starrt wartend auf den See, während der zurückgekehrte Göran sie anschaut. Die 5 m hohen Kunstfiguren des Multitalents Peter Apelgren auf der linken Seite sind nicht zu übersehen (2,1 km).

Daran vorbei spazieren Sie 150 m im Park am Ufer entlang, bis die Wegweiser an einer Schranke nach rechts zeigen. Ab hier laufen Sie die nächsten 1,7 km praktisch nur geradeaus.

An einem Kreisverkehr angekommen sehen Sie vor einer Unterführung eine Informationstafel mit Wegweisern ❷ (2,6 km). Nach der Unterführung gelangen Sie bald an eine Schule auf der linken Seite und im weiteren Verlauf in ein Industriegebiet. Am Ende der Straße biegen Sie erst rechts ab und wenden sich dann bei der ersten Gelegenheit nach links. Vorbei an Parkplätzen führt der Schotterweg Sie aus der Stadt heraus. Vor einem großen **roten Gebäude** biegen Sie rechts ab ❸ (4,5 km).

Der Pfad zieht sich für 1 km über Holzstege durch jungen, teilweise moorigen Forst. Dann gehen Sie an der Weggabelung nach rechts und laufen durch den Wald bis zu einer Schotterstraße. An deren Ende überqueren Sie die Teerstraße und gehen für 25 m nach rechts, bevor Sie knapp neben der Auffahrt einer Farm auf einen Weg nach halb links abbiegen. Hinter der Weidefläche mit einem kleinen See gelangen Sie in den Wald.

Bei einem Grundstück links angekommen biegen Sie an der Schotterstraße links ab (6,5 km). Der idyllische Weg führt Sie an einigen Häusern vorbei und über eine Kreuzung auf einen Waldweg. Bald mündet der Weg in eine Schotterstraße.

Am Waldrand steht ein gespaltener Steinbrocken, der „**Christusstein**" genannt wird ❹ (8 km). Der Text auf der Tafel heißt übersetzt:

Der Christusstein

Der Geschichte nach tötete der Blitz hier den heidnischen Häuptling STEN ILJE, der den christlichen Missionar Il Bert verfolgte. Der Stein wurde dann in zwei Teile geteilt und so etwas wie eine gekreuzigte Christusfigur erschien auf der Innenseite einer Hälfte des Blocks.

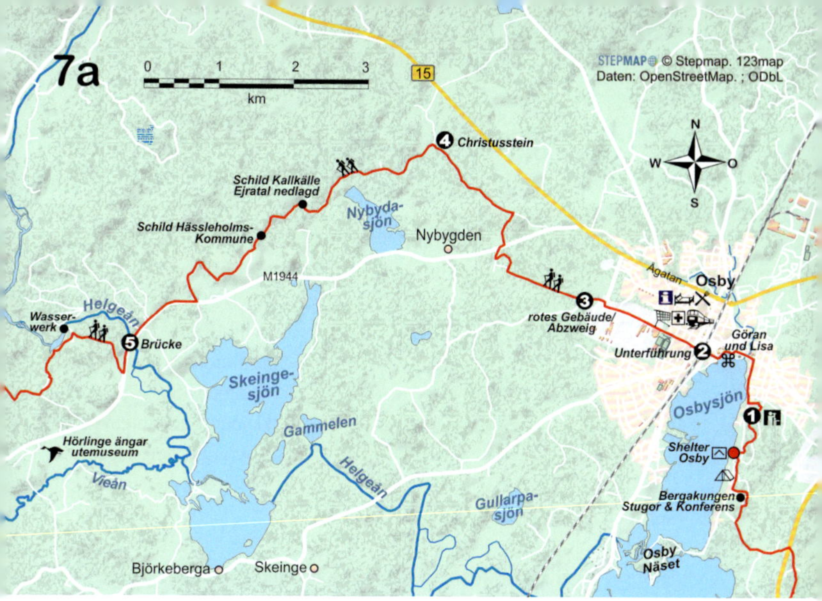

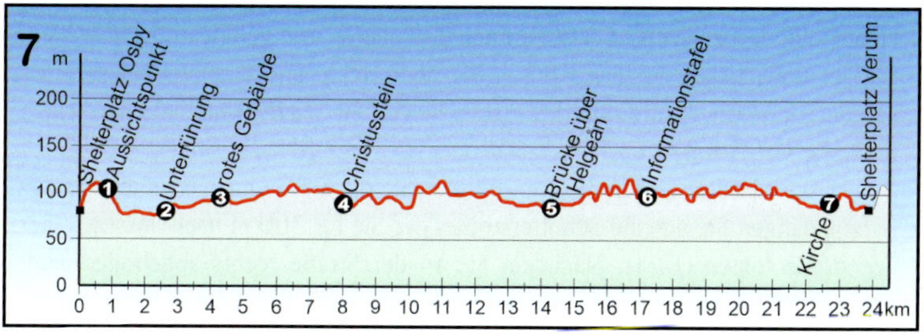

50 m nach dem Stein gehen Sie nach links. Auf einem ruhigen Schotterweg wandern Sie durch flache Weide- und Forstflächen. Der Nybydasjön zeigt sich kurz hinter zwei Häusern auf der linken Seite (9,6 km). 50 m nach der nächsten, von rechts kommenden Schotterstraße geht es rechts auf einen unscheinbaren Pfad (10,1 km).

Sie gehen erst den Hügel kurz hoch und dann nach links auf einen Waldweg. Nach 300 m zeigen die orangefarbenen Pfeile mit einem kleinen Schild „Kallkälle Ejratal nedlagd" nach links. (Übersetzt bedeutet das so viel wie „Kalte Quelle Ejratal geschlossen".)

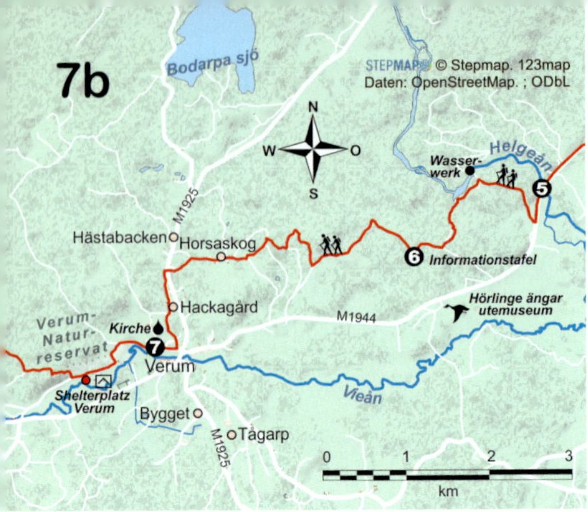

Der Weg verläuft durch einen schönen Nadelwald. An der nächsten Weggabelung an einer kleinen Lichtung im Wald gehen Sie nach links (11 km). Nach 200 m sehen Sie das Schild der Hässleholms-Kommune. Daran vorbei kommen Sie über einen kleinen Bach in eine 2019 frisch gerodete Fläche.

Hier fehlen einige Markierungen.

Gehen Sie erst geradeaus, danach halb links auf einen Schotterweg. Nach nur 50 m verlassen Sie den Weg nach rechts. Ein kurzes Stück laufen Sie durch das Unterholz, bevor Sie eine Schotterstraße überqueren und geradeaus weitergehen.

Der unbefestigte Waldweg bringt Sie über Heide und Grasbüschel zu einer jungen Forstfläche. Am Ende des Pfades biegen Sie nach rechts auf eine Schotterstraße (12,2 km).

An einer Lichtung nach 300 m verlassen Sie die Straße nach links. Durch den Forst gelangen Sie an eine Schotterstraße, der Sie für 300 m nach links zu einer Teerstraße folgen (13,1). Nachdem Sie an der Straße rechts abgebogen sind, überqueren Sie nach einem guten Kilometer auf einer Brücke den Ihnen bereits bekannten Fluss **Helgeån ❺.**

☺ Links vor der Brücke über den Helgeån kommen Sie relativ einfach zum Flussufer. Es bietet sich an, hier kurz Rast zu machen.

400 m nach der Brücke biegen Sie an einer Auffahrt mit einem großen Eichenbaum scharf rechts ab. An der Schranke vorbei verlassen Sie die Schotterstraße halb links, wo der Weg leicht aufwärts führt. Mit dem Rauschen des Helgeån im Ohr wandern Sie leicht auf und ab.

Auf dem nächsten Abschnitt gibt es einige gut versteckte Wegweiser.

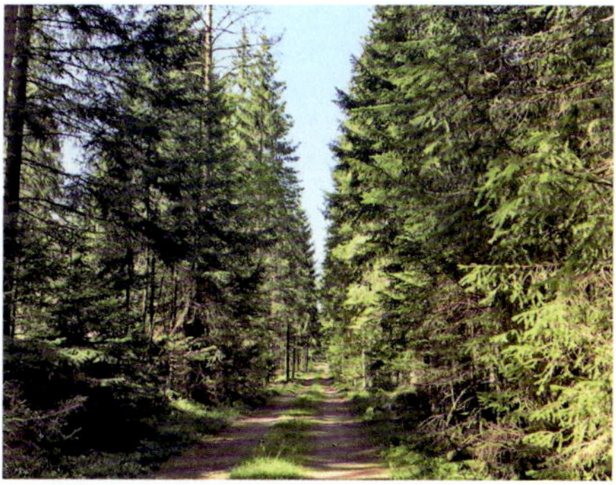
Schotterweg durch einen Nadelwald

In einer Linkskurve wechseln Sie halb rechts auf einen überwucherten Pfad, der ein kurzes Stück abwärts verläuft. Bevor Sie die Strommasten erreichen, zeigt ein versteckter Wegweiser nach links. Es geht kurz aufwärts, bevor Sie nach links abbiegen. Kurz führt der Weg durch den Busch, bevor Sie am Hang entlang mit Sicht auf den Fluss durch einen Nadelforst wandern. Beim Verlassen des Waldes kommen Sie an einen Schotterweg und laufen nach rechts (16 km). Wieder im Wald angelangt, wandern Sie auf gut begehbaren Pfaden durch einen schönen Nadelwald. Am Ende des Weges kommen Sie an eine **Informationstafel** sowie einen Wegweiser ❻ (17,2 km).

Hörlinge ängar utemuseum:
In einem für Skåne einzigartigen Feuchtgebiet lassen sich verschiedene Vogelarten zum Rasten, Fressen und Brüten nieder. Die Landschaft ist geprägt durch die Einzugsgebiete von zwei Flüssen, dem Vieån und dem Helgeån. Der Wanderweg Vieåleden bringt Besucher und Interessierte an unterschiedliche Stationen rund um das Gebiet, das ca. 800 m von der Route entfernt liegt.

Lassen Sie die Informationstafel links liegen und folgen Sie der Schotterstraße bis zu einem Wendekreis geradeaus. Es geht auf einem schmalen Pfad bis zum nächsten Waldweg weiter. Dieser endet hinter einer Schranke, wo Sie nach links abbiegen (17,9 km).

Sie bleiben 1 km auf der Schotterstraße, bevor Sie diese nach rechts auf einen breiten Pfad verlassen. Vorbei an einem heruntergekommenen grauen Holzhäuschen wandern Sie auf einem breiten Weg durch den Wald (18,8 km).

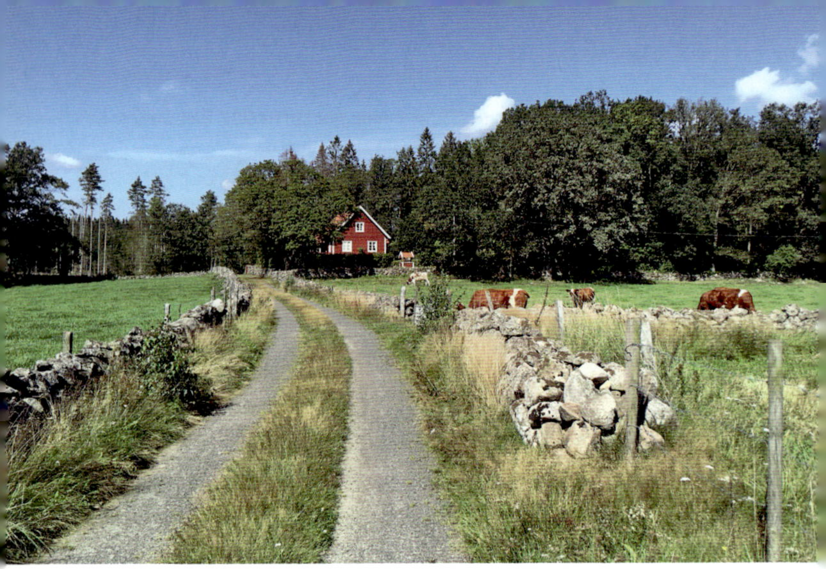

Typisches Landhaus mit Weide und glücklichen Kühen

Nach 250 m zeigt ein versteckter Hinweis auf einen Pfad nach links.

Dieser Pfad führt 800 m durch einen Nadelwald bis zur nächsten Schotterstraße (19,6 km), der Sie 50 m nach rechts folgen, bevor es auf der linken Seite auf einem unbefestigten Weg weitergeht.

Der Weg verläuft teilweise durch Forst und teilweise durch bereits gerodete Flächen. An einer Weggabelung hinter einem roten Haus gehen Sie nach rechts. Vorbei an einigen Häusern und Höfen überqueren Sie einen kleinen Fluss.

Vor einer Rechtskurve biegen Sie nach links auf einen Pfad ab, der Sie an eine Teerstraße führt (21,3 km). Nachdem Sie diese überquert haben, gehen Sie auf der schmalen Schotterstraße nach links. Sie folgen der Straße bis zum Schluss, vorbei an Feldern und Häusern, und wenden sich am Ende nach rechts. Die Straße verläuft leicht aufwärts. Oben angekommen stehen Sie vor der **Gemeindekirche ❼** (22,6 km).

Die Kirche bietet sich an, um auf dieser Etappe an Wasser zu kommen. Obwohl das Wasser nicht immer klar ist, ist es behandelt dennoch verwendbar. ☞ Reise-Infos von A bis Z, Trinkwasser

Links vorbei an der Kirche wandern Sie auf einer Schotterstraße leicht bergauf. Auf der linken Seite sehen Sie den Fluss Vieån mit seinen moorigen Uferbereichen im Tal.

❀ **Verum-Naturreservat**:
Das Gebiet umfasst eine Fläche von 16 ha nördlich des Flusses Vieån. Es handelt sich um historische Weideflächen und Wälder mit einem alten Baumbestand aus Buchen, Eichen und Haselbäumen. Der Fluss und seine Umgebung bieten einen Lebensraum für unterschiedliche Insekten-, Frosch- und Vogelarten. Igel und Otter sind ebenfalls dort zu Hause.

Halten Sie sich an der nächsten Weggabelung links. 1,2 km nach der Kirche sehen Sie auf der linken Seite eine Auffahrt mit einer Informationstafel und Toiletten. 100 m weiter befindet sich der **Shelterplatz Verum** an einem ruhigen Platz.

⌂ **Shelterplatz Verum**: 50 m vom Weg entfernt liegt der Platz mit einer Feuerstelle im Tal neben Getreidefeldern.

8. Etappe: Verum – Ubbalt

➲ 8,9 km, ⌛ 2 Std. 20 Min., ↑ 157 m, ↓ 127 m, ⇧ 82-128 m

0,0 km	⇧ 82 m	Shelterplatz Verum ⌂
4,0 km	⇧ 115 m	Aussicht auf den Skärsjön
4,7 km	⇧ 105 m	Malmsjön
6,0 km	⇧ 107 m	Bach auf der Weide
6,8 km	⇧ 107 m	historische Mühle und Sägewerk ⌘
7,3 km	⇧ 115 m	Naturreservat Ubbalt ❀
8,0 km	⇧ 113 m	Ufer des Vittsjön
8,9 km	⇧ 113 m	Shelterplatz Ubbalt ⌂

Warum nur knapp 9 km als Etappenlänge? Weil es sowohl unterwegs als auch am Ziel so vieles zum Bestaunen, Entdecken und Genießen gibt. Sie wandern durch ruhige Wälder, spazieren an Seen vorbei und kommen zu historischen Gebäuden. Einige Rastplätze und Sehenswürdigkeiten laden heute zu einem gemütlichen

Spaziergang ein. Am Ziel wartet ein schöner See mit Bade-, Angel- und Wandermöglichkeiten. Sauberes Trinkwasser finden Sie ca. 600 m nach dem Shelterplatz Ubbalt am Wegesrand.

Zeit, wieder aufzubrechen. Gehen Sie zurück zur Schotterstraße und folgen Sie dem Weg nach links. Nach ca. 150 m sehen Sie auf der rechten Seite das Symbol des Naturreservats. Wegweiser zeigen nach rechts in Richtung eines breiten Waldweges. Sie laufen parallel zu einem kleinen Bach auf der rechten Seite, der von einem kleinen Damm kommt (0,6 km).

Rechts über den Damm geht es am Hügel steil bergauf. Oben angekommen gehen Sie nach links. Rechts sehen Sie eine moosbewachsene Steinmauer neben einer Weidefläche. Der Pfad endet an einer Schotterstraße. Folgen Sie dieser nach rechts in den Wald (0,9 km).

An einem Begrüßungsstein im Wald vorbei gelangen Sie nach 400 m an eine Weggabelung. Wandern Sie nach links durch eine Forstfläche.

Sie bleiben für 1 km auf der Schotterstraße, bevor Sie diese auf einen Pfad nach links verlassen (2,3 km). Nach knapp 200 m biegen Sie am Ende des Pfades nach links auf einen Schotterweg ab. Dieser bringt Sie wieder zum Wald, wo Sie nach rechts auf einen Pfad abbiegen.

Bald sehen Sie die ersten Weideflächen und Häuser. Vor dem ersten Haus geht es nach rechts über eine gerodete Fläche. Relativ schnell erreichen Sie eine breite Schotterstraße, überqueren diese und gehen geradeaus auf einem schmalen Pfad weiter (3,2 km). 250 m verläuft der Pfad durch Forst, bevor er an einer kleinen Schotterstraße endet. Gehen Sie in Laufrichtung nach rechts. Vor einer Linkskurve laufen Sie an einem kleinen Schild mit der Aufschrift „Fiskekort" geradeaus vorbei. Bald haben Sie auf der rechten Seite eine schöne Aussicht auf den kleinen Angelsee **Skärsjön** ❶ (4 km). Leider gibt es von der Straße aus keinen Zugang zum See.

Geradeaus vereinen sich zwei Schotterstraßen vor einer Wiese. Gehen Sie über die Wiese. Vorbei an einem weiteren Schild mit der Aufschrift „Fiskekort" kommen Sie wieder in einen ruhigen Wald. Nachdem Sie sich an der nächsten Weggabelung links gehalten haben, geht es aufwärts auf einen Hügel. Oben angekommen sehen Sie einen idyllisch gelegenen See auf der linken Seite. Der **Malmsjön**, ein weiterer Angelsee, bietet Ihnen eine schöne Rast- und Sitzmöglichkeit ❷ (4,7 km). Der ca. 1.120 m^2 große See wird vom Fluss Vieån gespeist.

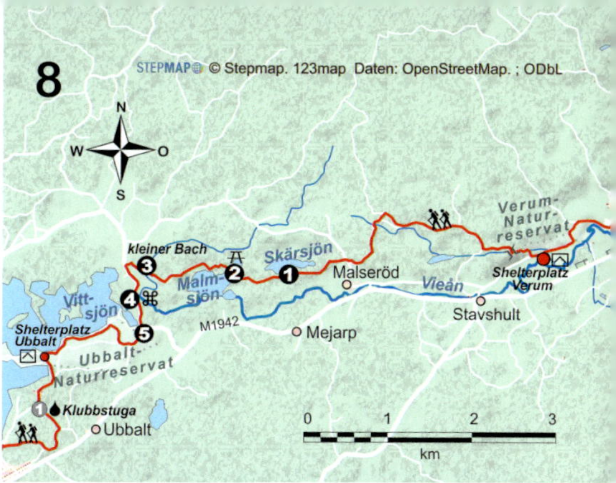

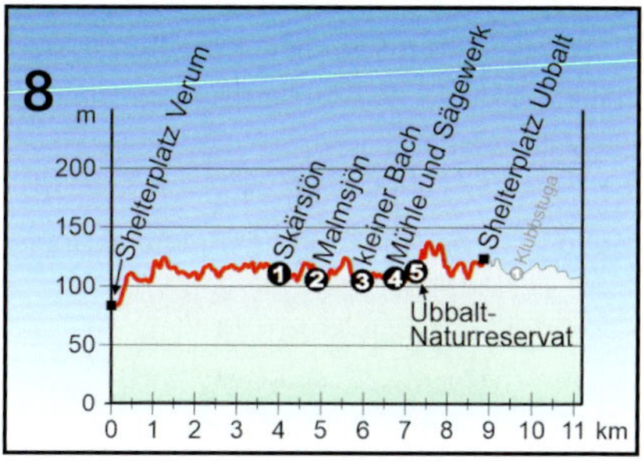

Nachdem Sie wieder etwas Kraft getankt haben, gehen Sie zurück zum Weg und folgen diesem bis zu zwei Holzbrücken. Hinter der zweiten Brücke geht es nach links auf einem nicht leicht zu findenden Pfad durch eine Wiese (4,9 km). An der nächsten, schwer erkennbaren Weggabelung laufen Sie links weiter, bis Sie im Wald auf einen breiten Waldweg stoßen. Ab hier sind wieder ausreichende Markierungen vorhanden. Folgen Sie dem Schotterweg geradeaus bis zu einer Rechtskurve.

Dort gehen Sie geradeaus auf einen unbefestigten Waldweg. Bald erreichen Sie den Zaun einer großen Weidefläche auf der linken Seite. Über eine Holztreppe gelangen Sie auf die Weide.

Hier fehlen wieder Markierungen. Wenn Sie nach vorne schauen, können Sie sich an dem weißen Haus auf der gegenüberliegenden Seite der Weide orientieren.

Mitten auf der Weidefläche kommen Sie an einem kleinen Bach mit klarem Wasser vorbei ❸ (6 km). Am Bach vorbei orientieren Sie sich nach links in Richtung der Hecke. An der Hecke entlang kommen Sie bald über eine weitere Holztreppe neben einem weißen Haus heraus. Vor der Einfahrt gehen Sie an der Hecke nach links. An der Teerstraße angekommen können Sie die erste gute Aussicht auf den wunderschönen Vittsjön erhaschen.

Am Gundrastorpsvägen (6,3 km) biegen Sie nach links ab und wandern an schönen Häusern und Grundstücken vorbei. Nach 500 m auf der Straße kreuzt der Fluss **Vieån** den Weg. Vor und hinter der Brücke stehen zwei alte Gebäude direkt am Fluss ❹ (6,8 km).

⌘ Es handelt sich um **Gundrastorps Mühle** und **Ekholmens Sägewerk**. Der Vieån bildet die Grenze zwischen den beiden Gemeinden. Beide Bauwerke wurden im Jahr 1976 von der Gemeinde Hässleholm übernommen und restauriert. Die Mühle stammt vermutlich aus dem 16. Jh.

Sie können auch das Herzstück der Mühle im Gebäude besichtigen: das Getriebe und den großen Mahlstein. Der Eingang befindet sich auf der von der Straße abgewandten Seite des Gebäudes.

Auf der linken Seite hinter der Brücke stehen auch Sitzgelegenheiten und eine Toilette inklusive Wasserrauschen im Hintergrund zur Verfügung. Angeln ist hier ebenfalls erlaubt.

Gundrastorps Mühle und Ekholmens Sägewerk

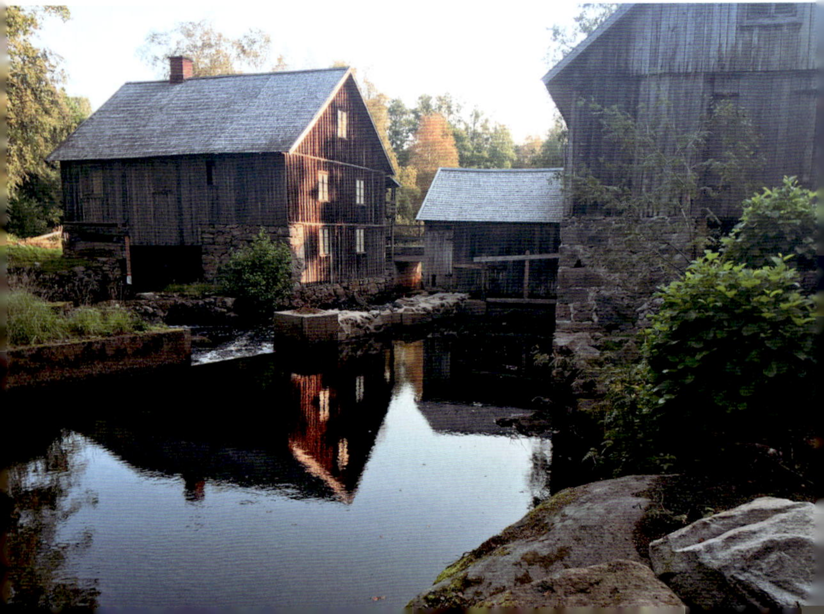

Es geht noch ein Stück die Straße entlang weiter. An einem prächtigen Anwesen vorbei sehen Sie auf der rechten Seite den Kallsjön, einen kleinen See mit Verbindung zum Vittsjön. Dahinter kommen Sie bald an einen Parkplatz mit einer **Informationstafel über das Ubbalt-Naturreservat** und Sitzgelegenheiten vorbei ❺ (7,3 km).

Naturschutzgebiet Ubbalt: Das östlich der Stadt Vittsjö gelegene Schutzgebiet rund um das südliche Ufer des Sees Vittsjön bietet verschiedenen Vogelarten wie z. B. Fischadler, Buntspecht, Zaunkönig und Wintergoldhähnchen (den kleinsten ihrer Art in Europa) einen geschützten Raum. Außerdem finden die Menschen in dem idyllisch im Wald gelegenen, hügeligen Gebiet Erholung.

Auf dem Weg durch den Wald bekommen Sie durch unterschiedliche, auch ins Deutsche übersetzte Informationsschilder ein Gespür für die unsichtbaren Schätze dieses Waldes. Archäologische Ausgrabungen in der Gegend brachten mehrere Eisenherstellungsstätten zutage. Dazu zeugen die Anbaukulturen auf den Hügeln von einer Siedlung aus der Eisen- oder Bronzezeit.

Sie gehen halb rechts auf einem Pfad in einen Buchenwald. Halten Sie sich rechts, bis Sie am See sind, und suchen Sie die orangefarbenen Markierungen an den Baumstämmen.

Am See angekommen (8 km) gehen Sie nach links. Der Weg verläuft parallel zum Ufer. Der Pfad schlängelt sich über Baumwurzeln und Steine durch naturbelassene Wälder und über kleine Hügel. Beim Spaziergang durch den Wald kommen Sie an einer Informationstafel an. Dahinter befindet sich schon der **Shelterplatz Ubbalt**.

Shelterplatz Ubbalt: Der nahe am Wasser gelegene Shelterplatz bietet einen direkten Zugang zum See. Er befindet sich am Anfang einer kleinen Halbinsel am Vittsjön. Machen Sie doch noch einen Spaziergang zur Landzunge und lauschen Sie den Vögelgesängen.

Sauberes Trinkwasser finden Sie 800 m entfernt vom Shelterplatz am Wegrand an der Außenwand eines Gebäudes (Klubbstuga). ☞ 9 Etappe

9. Etappe: Ubbalt – Vittsjö – Hårsjö

11,2 km, 3 Std. 15 Min., 147 m, 144 m, 105-133 m

0,0 km	113 m	Shelterplatz Ubbalt
0,8 km	113 m	Klubbstuga
3,1 km	107 m	Vittsjö (Bahnübergang) BANK
5,4 km	116 m	rotes Haus mit Pferdekoppel
9,3 km	115 m	Ruine eines Sägewerkes
10,4 km	113 m	Dorf Hårsjö
10,7 km	117 m	Informationstafel und Wegweiser
11,2 km	117 m	Shelterplatz Hårsjö

Das Highlight des heutigen Tages wird Vittsjö sein. Ein alter Stadtteil der ehemaligen Grenzstadt zwischen Dänemark und Schweden liegt am See. Der Weg an sich ist mit einer kleinen Ausnahme sehr gut begehbar und führt über Schotter- und Waldwege. Bedenken Sie, dass Vittsjö Ihre letzte Einkaufsmöglichkeit vor Båstad ist, falls Sie keinen Abstecher nach Örkelljunga oder ***Våxtorp*** *unternehmen wollen.*

Sie kehren zum Pfad zurück und verlassen die Halbinsel.

☺ Nach 150 m kommen Sie an einem Sandstrand auf der rechten Seite vorbei.

Nach 400 m passieren Sie eine Schranke, ein Dixiklo und eine Informationstafel und gehen auf eine Schotterstraße, die Sie bald an den ersten Häusern vorbeiführt. Bei der ersten Gelegenheit biegen Sie nach links auf einen Schotterweg ab. Nach wenigen Schritten haben Sie auf der rechten Seite ein rotes Gebäude mit der Aufschrift „**Klubbstuga**" vor sich ❶ (0,8 km). Direkt unter der Aufschrift an der Außenwand befindet sich ein **Trinkwasserhahn.**

Vor der ersten Linkskurve wenden Sie sich nach rechts auf einen Pfad durch einen Mischwald. Er verläuft teilweise über Holzstege auf moorigem Untergrund, durch jungen Forst und Wald. Neben einem Haus kommen Sie an eine Schotterstraße, der Sie nach links folgen (2,1 km). Durch eine Wohnstraße gehen Sie

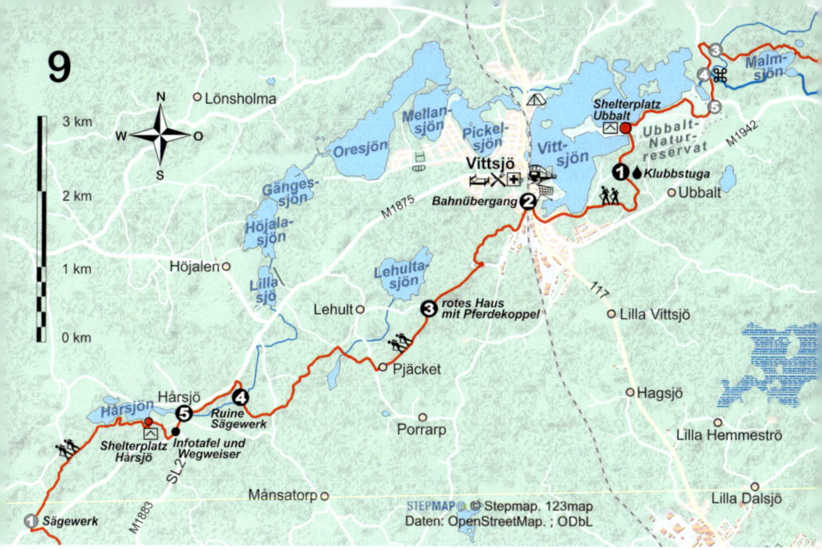

immer geradeaus, bis die Straße in den Verumsvägen mündet. Gehen Sie nach rechts in Richtung Kreisverkehr. Rechts am Kreisverkehr vorbei kommen Sie auf den **Hässleholmsvägen**. An einem Parkplatz mit Sitzmöglichkeiten auf der rechten Seite sehen Sie im Hintergrund den Vittsjön und den Viken Park. Daran vorbei wechseln Sie die Straßenseite über den Zebrastreifen und gehen auf einen **Bahnübergang** zu ❷ (3,1 km).

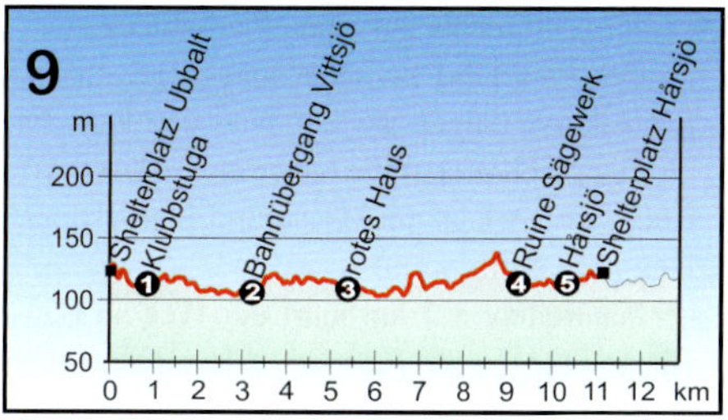

Wenn Sie dem Hässleholmsvägen weiter geradeaus folgen, kommen Sie nach 50 m beim Supermarkt ICA Nära an. Einen Bahnhof erreichen Sie nach 250 m. Der Campingplatz befindet sich im Norden von Vittsjö am Ufer des Sees ca. 1,4 km vom ICA entfernt. Sie gelangen am einfachsten dorthin, wenn Sie dem Hässleholmsvägen weiter geradeaus folgen.

Vittsjö

Vittsjö Camping, Campingvägen 1, 280 22 Vittsjö, ☏ 07 25/24 24 10, v.turistforening@telia.com, www.vittsjocamping.se, ganzjährig geöffnet, Mo-Fr 9:00-12:00 und 15:00-19:00, Sa 8:00-12:00 und 13:00-19:00, So 8:00-12:00 und 13:00–17:00, saisonale Preisunterschiede: Zeltplatz €, Hütten €€-€€€. An der Rezeption können Sie Angelscheine erwerben.

unterschiedliche Restaurants entlang des Hässleholmsvägen

Vårdcentralen Vittsjö (Gesundheitszentrum V.), Hårsjövägen 6, 280 22 Vittsjö

ICA Nära Vittsjö, Hässleholmsvägen 25, 282 67 Vittsjö, tägl. 8:00-20:00, ca. 50 m von der Route entfernt

Über die Bahngleise kommen Sie an eine Kreuzung und biegen nach links auf den Lehultsvägen ab. Sie folgen dem Weg für 350 m und verlassen die Straße gegenüber einem Bolzplatz nach rechts. Auf gut begehbaren und markierten Parkwegen wandern Sie durch eine Forstfläche aus der Stadt hinaus. An den folgenden drei Abzweigungen orientieren Sie sich jeweils nach links, bevor Sie kurz darauf nach rechts auf einen Pfad abbiegen.

Der Pfad führt bei einer jungen Forstfläche aus dem Wald heraus. Vor einer Rechtskurve biegen Sie halb links und kurz darauf wieder rechts ab. Sie kommen zu einer Schotterstraße und setzen Ihren Weg nach rechts fort (4,5 km). Bei einem roten Haus mit Wiese und Pferdekoppel halten Sie sich an der Weggabelung links ❸ (5,4 km).

Für weitere 1,1 km führt der Weg an Häusern, Feldern und Wäldern vorbei. Danach biegen Sie vor einer Wiese scharf rechts ab. Lassen Sie das Grundstück mit dem roten Haus links liegen und wenden Sie sich im Wald nach links. Vor einem weiteren Grundstück verlassen Sie die Schotterstraße auf einen schmalen Pfad. Er verläuft 100 m durch den Wald, bevor er in eine Schotterstraße mündet (7,1 km). Folgen Sie dieser halb rechts für knapp 200 m. An der Wegkreuzung im Wald gehen Sie nach links. Nach 700 m zeigen die Hinweise nach links auf einen Waldweg. Etwa 500 m müssen Sie sich durch das Unterholz schlagen, bis Sie wieder einen „Weg“ erreichen.

An der Schotterstraße angekommen biegen Sie rechts ab. Vorbei an dem einzigen Grundstück auf der rechten Seite verlassen Sie die Straße auf einen Pfad, der leicht abwärts durch einen relativ übersichtlichen Wald führt. Der nächsten Schotterstraße folgen Sie nach rechts. Nach 300 m kommen Sie an der **Ruine eines Sägewerks** neben einem kleinen Bach an ❹ (9,3 km).

Sie folgen der Schotterstraße ein Stück weiter, dann geht es an der Teerstraße angekommen nach links weiter. Nach einigen Metern folgen Sie dem Wegweiser auf einen Schotterweg halb links, parallel zur Straße. Nach 800 m laufen Sie auf ein weißes Haus zu. Davor halten Sie sich rechts und kommen wieder zu der Teerstraße. Der Skåneleden führt Sie durch das kleine, gepflegte Dorf **Hårsjö** ❺ (10,4 km). Der See Hårsjön liegt hinter den Häusern auf der rechten Seite.

An einer Querstraße sehen Sie eine Informationstafel und einen Wegweiser. Hier trifft die Nord-Süd-Route (SL2) des Skåneleden auf die Von-Küste-zu-Küste-Route (SL1) (10,7 km).

100 m weiter geht es hinter dem Gemeindehaus nach rechts. Wenn Sie 200 m gegangen sind, verlassen Sie die Schotterstraße auf einen Pfad in den Wald. Vorbei an einem Plumpsklo erreichen Sie 150 m weiter den **Shelterplatz Hårsjö** (11,2 km).

Der **Shelterplatz Hårsjö** ist ein einfach gehaltener Shelterplatz mit indirektem Zugang zum See **Hårsjön.** (Der See ist über einen unscheinbaren, ca. 100 m langen Weg erreichbar.) Der Hårsjön liegt ebenfalls im Einzugsgebiet des Helgeån. Der zum Shelterplatz gehörende Brunnen funktioniert nicht (Stand 2019).

Shelterplatz Hårsjö

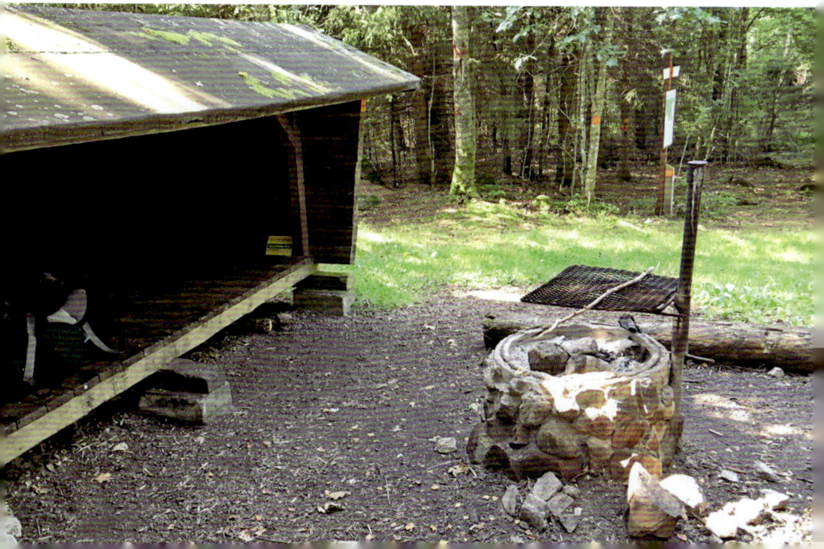

10. Etappe: Hårsjö – Lärkesholm

➲ 19,7 km, ⌛ 5 Std. 40 Min., ↑ 245 m, ↓ 264 m, ⇧ 97-152 m

0,0 km	⇧ 117 m	Shelterplatz Hårsjö ⌂
2,6 km	⇧ 137 m	Sägewerk
4,1 km	⇧ 150 m	Abzweig zum Tidemanstorp ⌘
4,3 km	⇧ 145 m	Brunnen (ohne Zugang zu Wasser)
9,8 km	⇧ 123 m	große rote Halle vor einer Kreuzung
12,0 km	⇧ 138 m	Värsjön
13,8 km	⇧ 146 m	Schranke
19,0 km	⇧ 102 m	Lärkesholmsvägen
19,7 km	⇧ 100 m	Shelterplatz Lärkesholm ⌂

Der heutige Weg hat es in sich. Einige Abschnitte, vor allem in der ersten Hälfte, sind ungepflegt und haben etwas von einem Querfeldeinlauf. Der zweite Abschnitt verläuft über meist gut begehbaren Wegen durch ruhige Forstflächen und Wälder. Am Ziel werden Sie für die Strapazen mit einem schönen Shelterplatz mit Blick auf einen See belohnt.

Nachdem alles gepackt ist, geht es an Shelterplatz und Informationstafel vorbei halb links auf einen Pfad, der durch den Wald bis zu einer Schotterstraße führt. Sie biegen nach rechts ab und kommen bald zu einer jungen Forstfläche.

☝ Der Pfad ist nicht zu übersehen, aber es gibt kaum Wegweiser.

Sie gehen geradeaus auf dem gewundenen Pfad durch einen zugewucherten Forst bis zu einer alten Steinmauer. Dort orientieren Sie sich nach links und gelangen nach 400 m in einen Forst mit dichtem Unterholz. Auf dem Pfad durch die Baumstämme begegnen Sie dem See auf der rechten Seite wieder. Neben dem Stacheldrahtzaun einer Weidefläche führt ein schmaler Pfad durch das Gestrüpp. Bald kommen Sie zur Auffahrt zur Weide und folgen dieser nach rechts (1,3 km).

Sie wandern auf der Schotterstraße durch Forst und über Lichtungen bis zur ersten Weggabelung, leider ohne Markierung. Hier halten Sie sich halb rechts. Nach weiteren 300 m endet die Straße und Sie wenden sich nach links (2,1 km).

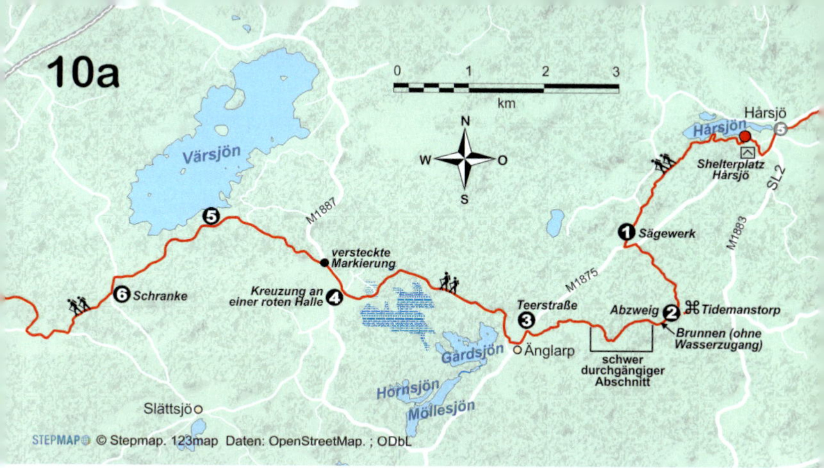

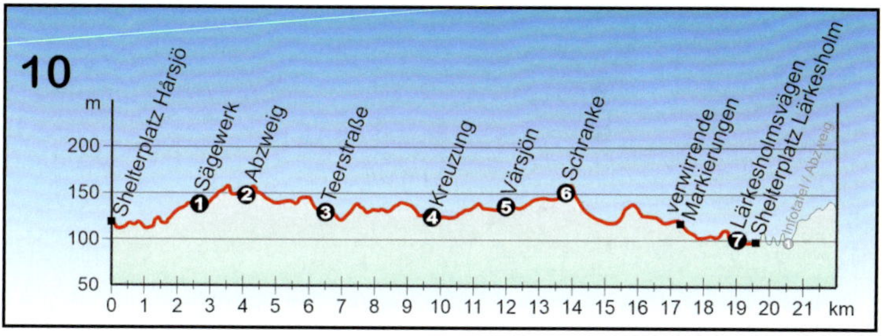

Der breite Schotterweg führt Sie durch den Hof eines **Sägewerkes** ❶ (2,6 km).

Kurz darauf mündet der Weg in eine Teerstraße. Sie biegen links ab, um sie bei der ersten Gelegenheit wieder nach rechts zu verlassen. Der Weg verläuft an einigen vernachlässigten Häusern vorbei durch einen Wald. An der ersten Weggabelung im Wald nehmen Sie einen Pfad halb rechts.

Vor einer gerodeten Fläche kommen Sie an einer Schotterstraße an, der Sie nach rechts, über einen Wendekreis hinaus, bis zu einem Schild mit der Aufschrift „Tidemanstorp“ folgen ❷ (4,1 km).

⇘ ⌘ **Tidemanstorp**: Sie gelangen zu diesem historischen Hof aus dem Jahr 1819, wenn Sie dem Weg an der Kreuzung für 200 m nach links folgen.

Wenn Sie an der Kreuzung nach rechts abbiegen, gelangen Sie auf einen Waldweg. Nach 200 m kommen Sie an einem **Brunnen** mit Trinkwasserschild vorbei (4,3 km).

☹ Leider ist der Brunnen mit einem Betondeckel verschlossen, sodass es hier keine Möglichkeit gibt, an Trinkwasser zu kommen.

Leider ist nicht jede Wasserstelle ohne Weiteres zugänglich

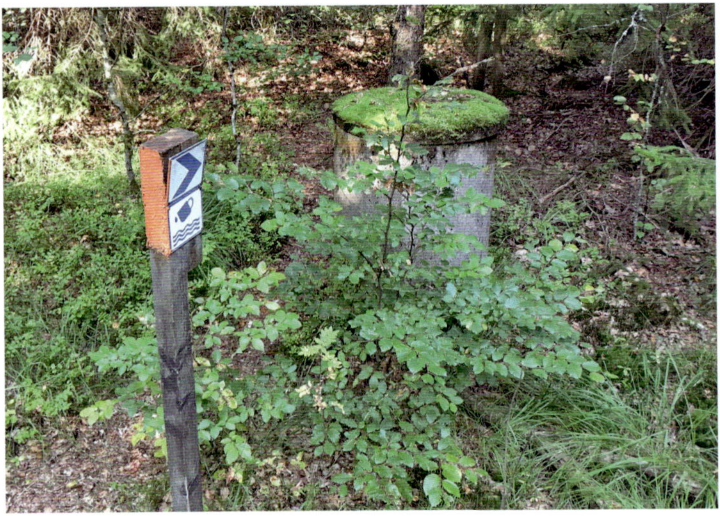

✋ Ab hier wird der Weg etwas knifflig. Er wird im Verlauf immer ungepflegter, bis er schließlich kaum noch zu erkennen ist. Durch das dichte Buschwerk sind Markierungen, falls welche vorhanden sind, unsichtbar. Wer weiterkommen möchte, hat jedoch nur eine Möglichkeit.

✋ Es gibt in diesem Gebiet unter anderem Wildschweine. Die Spuren lassen sich gut am Wegesrand und sogar in den kleinen Wasserpfützen finden. Versuchen Sie mal, etwas zu singen, um die Tiere nicht zu überraschen!

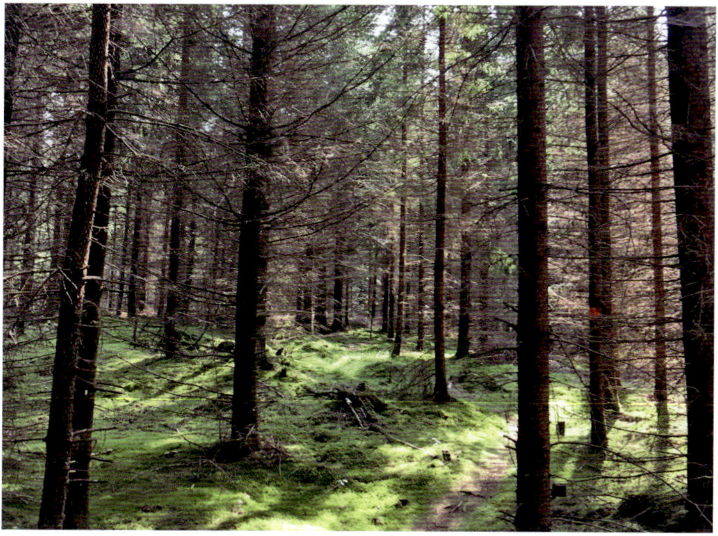

Der Weg ist manchmal etwas ungepflegt

Wenn Sie nicht verloren gegangen sind, kommen Sie in einem übersichtlichen Wald aus dem Unterholz heraus (5,5 km). Über eine Holztreppe passieren Sie einen Weidezaun und betreten die Weidefläche. Halten Sie sich dabei rechts an der Steinmauer. Über eine weitere Holztreppe gelangen Sie auf eine Teerstraße und biegen nach links ab ❸ (6,5 km).

☺ Der ungemütliche Wegabschnitt ist nun geschafft.

Sie erreichen nach 200 m eine Ortschaft und verlassen die Straße bei der ersten Möglichkeit nach rechts. 100 m weiter biegen Sie vor einem roten Lagerhaus rechts ab. Am Ende der Straße wenden Sie sich in Laufrichtung rechts auf eine Schotterstraße. Diesem Weg folgen Sie für 2,8 km durch Wälder, Wiesen und Moor.

Hinter einem kleinen Hügel auf der rechten Seite kommen Sie dann neben einer großen **roten Halle** zu einer Kreuzung ❹ (9,8 km).

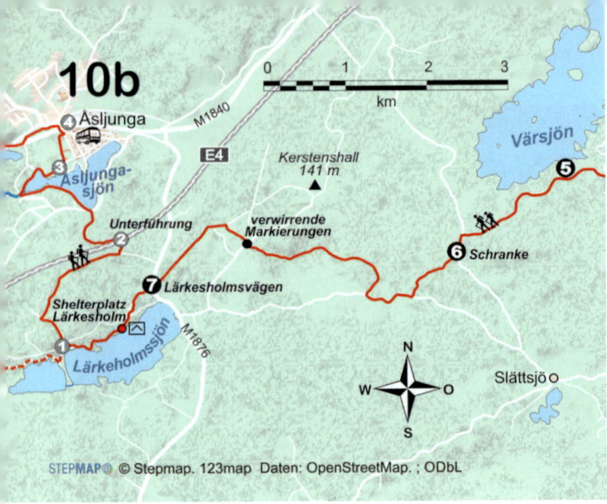

Versteckte Markierung! Nach 400 m wenden Sie sich halb links auf eine weitere Schotterstraße. Der Weg ist in Richtung „Sjöholma" ausgeschildert!

Sie bekommen immer wieder die Möglichkeit, zwischen den Häusern auf der rechten Seite den **Värsjön** zu betrachten ❺ (ca. 11,9 km). 100 m hinter einem großen Grundstück sehen Sie auf der rechten Seite eine Informationstafel mit dem „Fiskekort"-Schild.

Der **Värsjön** befindet sich ebenfalls im Einzugsgebiet der beiden alten Bekannten Helgeån und Vieån. Der See hat klares Wasser und ist auch gut zum Baden geeignet. Auf einem schmalen Pfad nach rechts gelangen Sie durch den Wald bis zum Ufer des Sees.

Immer weiter geradeaus kommen Sie an einer Schotterstraße an (13,6 km). Gehen Sie für 200 m nach links, bevor Sie sich nach rechts wenden. Vorbei an einer **Schranke** an einer Auffahrt gelangen Sie in einen ruhigen Wald ❻ (13,8 km). Nach 900 m erreichen Sie eine weitere Schranke und hierüber eine Schotterstraße, der Sie nach rechts folgen. Nur 600 m wandern Sie auf der wenig befahrenen Schotterstraße. Bald gehen Sie wieder nach rechts an einer Schranke vorbei in den Wald (15,3 km). Sie durchkreuzen einen schönen Forst mit moosbedeckten großen und kleinen Findlingen und bleiben auf einem gut begehbaren Waldweg. 2,1 km und viele Schritte später kommen Sie an einen weiteren Weg.

Verwirrende Markierungen! Laufen Sie hier geradeaus auf einem schmalen Pfad weiter (17,4 km).

Der Pfad endet an einer Schotterstraße im Wald. Gehen Sie hier nach links, bis Sie durch eine weitere Schranke aus dem Wald heraustreten. Sie überqueren die Teerstraße Lärkesholmsvägen ❼ (19 km), dann geht es geradeaus neben einer Hecke weiter. An einer Lichtung zeigen die Wegweiser nach links über eine Steinmauer auf einen Pfad. Folgen Sie einer Holzbrücke über einen kleinen Bach und überqueren Sie bald darauf eine Schotterstraße. Halb rechts ist nun der **Lärkesholmssjön** mit dem **Shelterplatz Lärkesholm** zu sehen (19,7 km).

Shelterplatz Lärkesholm: Der Shelterplatz mit bestem Blick auf den See bietet eine Feuerstelle, Toiletten und einen See voller Wasser.

11. Etappe: Lärkesholm – Bjärabyget

12,3 km, 3 Std. 40 Min., ↑ 229 m, ↓ 168 m, ⇧ 87-175 m

0,0 km	⇧ 100 m	Shelterplatz Lärkesholm
1,0 km	⇧ 105 m	Informationstafel, Abzweig nach Örkelljunga BANK (8 km) Unterführung
3,9 km	⇧ 94 m	Åsljungasjön
5,6 km	⇧ 91 m	Trinkwasserhahn
6,3 km	⇧ 92 m	Åsljunga (Informationstafel)
7,5 km	⇧ 154 m	Aussichtspunkt
10,3 km	⇧ 151 m	Moorgebiet
12,3 km	⇧ 157 m	Shelterplatz Bjärabyget

Die wichtigste Frage des Tages lautet: Örkelljunga ja oder nein? Und das bevor der Tag richtig anbricht. Das ca. 7 km von der regulären Route entfernt liegende Stadtzentrum bietet neben letzten Einkaufsmöglichkeiten vor Båstad auch einige Einblicke in die Vergangenheit dieser historischen Stadt. Ob es dann bis zum Shelterplatz Grytåsa, der wieder knapp 7 km vom Stadtzentrum entfernt ist, weitergeht, müssen Sie selbst entscheiden. Von der Stadt aus haben Sie die Möglichkeit, entweder wieder nach Osten zurück zum Skåneleden zu laufen oder eine Abkürzung nach Norden zu nehmen, wo Sie hinter dem Shelterplatz Bjärabyget wieder auf den SL1 stoßen.

Es geht zunächst am Ufer entlang. Laufen Sie ein kurzes Stück vom Shelterplatz zurück. Auf der linken Seite ist ein schmaler Pfad zwischen den Bäumen zu finden, orangefarbene Markierungen können Sie an den Baumstämmen entdecken. Nach 1 km kommen Sie an einer **Informationstafel** und Wegweisern an ❶. Der Weg nach links führt über **Örkelljunga** zum **Shelterplatz Grytåsa**.

Abstecher nach Örkelljunga

0,0 km	⇧ 104 m	Abzweigung Richtung Örkelljunga
2,3 km	⇧ 93 m	Unterführung unter der Autobahn
3,4 km	⇧ 80 m	kleiner Strand am Hjälmsjön
5,8 km	⇧ 79 m	Brucksvägen, Abzweig zum Campingplatz Hjälmsjö
8,0 km	⇧ 72 m	Örkelljunga (Zentrum) BANK
8,6 km	⇧ 92 m	Unterführung
12,3 km	⇧ 142 m	Zusammentreffen mit der Hauptroute (☞ 12. Etappe)

Die historische Stadt Örkelljunga liegt nicht direkt an der Route. Vom Wegweiser (1 km nach Lärkesholm) bis in die Stadt sind ca. 7 km zu bewältigen. Südwestlich der Stadt befindet sich der Shelterplatz Grytåsa. Bis dorthin wandern Sie insgesamt 14 km, unter anderem am Fluss Pinnån entlang.

In der Stadt finden Sie einige Einkaufsmöglichkeiten. Zur Übernachtung bietet sich der am See gelegene Campingplatz Hjälmsjö südlich der Stadt an.

4 km hinter dem Zentrum erreichen Sie im Dorf Lemmeshult wieder die Hauptroute (☞ 12 Etappe). Somit überspringen Sie den Shelterplatz Bjärabyget, der sich ca. 1 km in östlicher Richtung befindet.

Die aufgelisteten Wegpunkte beziehen sich auf den Streckenabschnitt vom Wegweiser Richtung Örkelljunga über das Stadtzentrum zurück zur Route.

Folgen Sie den orangefarbenen Markierungen bis zur Kirche von Örkelljunga.

Dafür geht es zunächst durch den Wald am Ufer des Sees Lillsjön weiter Richtung Westen. Nachdem Sie eine Schotterstraße gekreuzt haben, rückt die Landstraße in Hörweite. Durch eine Unterführung gelangen Sie auf die andere Straßenseite. An einem Parkplatz vorbei wandern Sie neben einem Feuchtgebiet in Richtung der Autobahn. Am Zaun entlang, parallel zu einem kleinen Bach, unterqueren Sie diese (2,3 km). Direkt dahinter gehen Sie nach rechts und kommen an einem kleinen See vorbei. Für den nächsten Wegabschnitt halten Sie sich links.

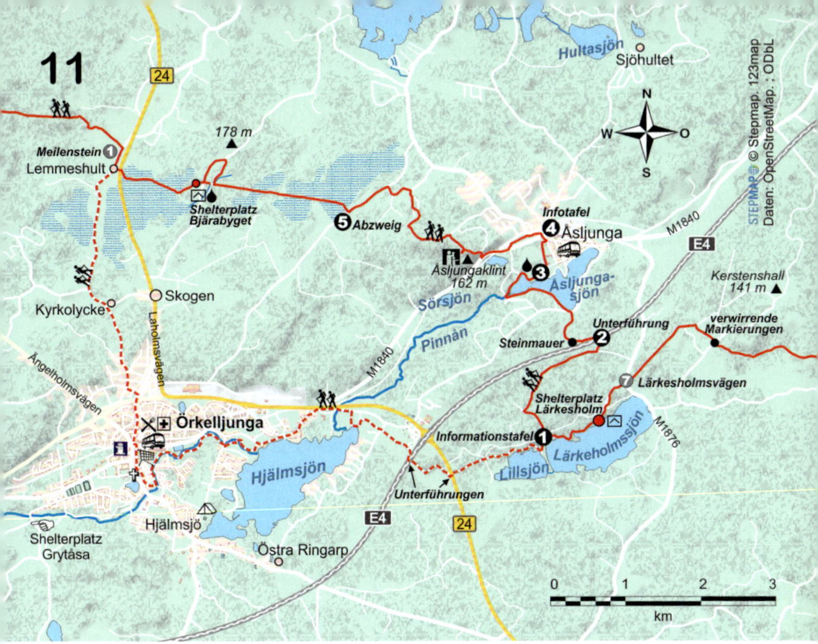

Die ersten Grundstücke tauchen am Wegrand auf. Geradeaus kommen Sie am Ende des Weges zu einem mehrstöckigen Gebäude mit einem Parkplatz. Dahinter, über einen kleinen Bach, gelangen Sie an einen kleinen Strand am See Hjälmsjön (3,4 km).

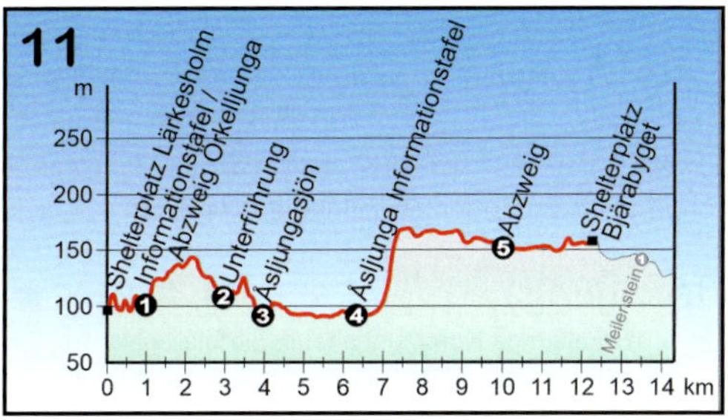

Der reguläre Pfad führt Sie vor dem Bach nach rechts. An einem Feldrand geht es kurz weiter bis zu einer Asphaltstraße. Hier biegen Sie nach links ab und folgen dem Straßenverlauf, bis Sie den See wieder zu Ihrer Linken auftauchen sehen. Hinter einem gelben Haus auf der linken Seite verlassen Sie die Straße nach links auf einen Schotterweg.

Nach 100 m folgen Sie dem Weg nach rechts und dem Verlauf des Flusses Pinnån. Auf meist unbefestigten Wegen am Feldrand wandern Sie bis zu der Teerstraße Brucksvägen (5,8 km).

⛺ Wenn Sie zum 1 km von der Route entfernt liegenden Campingplatz Hjälmsjö gelangen wollen, biegen Sie am Brucksvägen nach links ab.

Der Pfeil zeigt nach rechts. Gegenüber dem ersten Haus auf der rechten Seite geht es wieder auf einen schmalen Weg links von der Straße runter. Nach knapp 1 km kreuzen Sie die Straße Ågatan. Durch ein schönes Waldstück verläuft der Pfad für weitere 500 m parallel zum Fluss. Vorbei an mehreren Wohnblocks auf der rechten Seite biegen Sie rechts auf einen befestigten Gehweg ab.

Auf der linken Seite sehen Sie Kirche von Örkelljunga (7,6 km). Hier müssen Sie sich entscheiden. Wenn Sie zum Shelterplatz Grytåsa wandern wollen, folgen Sie den orangefarbenen Pfeilen für weitere 6,4 km. Wandern Sie an der Kirche geradeaus vorbei, kommen Sie zum Zentrum.

⌘ Auf dem Weg zum Shelterplatz Grytåsa kommen Sie am Fantehåla-Denkmal vorbei. Das Denkmal erinnert an den dänisch-schwedischen Krieg im Jahr 1510, als die Stadt an der damaligen Grenze zwischen beiden Staaten lag.

Um ins Zentrum zu gelangen, ignorieren Sie also den Wegweiser und folgen dem Straßenverlauf. Nach 200 m kommen Sie am COOP Örkelljunga vorbei. Über den Parkplatz gelangen Sie zur Straße Bangatan. Halb links am Kreisverkehr vorbei geht es auf den Hallandsvägen (8 km).

Örkelljunga

ℹ **Örkelljunga Kommunenhaus**, Biblioteksgatan 10, 286 80 Örkelljunga, ☏ 04 35/550 00, 💻 www.orkelljunga.se, 🚪 Mo-Do 10:00-18:00, Fr 10:00-17:00, Sa 10:00-13:00. Einen Infopoint finden Sie an mehreren Orten in der Stadt.

⛺ **Hjälmsjö Camping**, Ålstigen 2, 286 35 Örkelljunga, 📱 073/826 32 91, ✉ hjelmsjocamping@outlook.com, 💻 www.hjalmsjocamping.se, 🚪 saisonale Öffnungszeiten, nur bis Ende September tägl. geöffnet, Hütten €€, Zeltplatz €, direkt am Hjälmsjön

Shelterplatz Grytåsa: einfacher, aber schön gelegener Shelterplatz ohne Wasserzugang, südwestlich der Stadt gelegen

Im Zentrum finden Sie mehrere Restaurants.

ICA Supermarket mit Poststelle, David Anders gata 6, 286 37 Örkelljunga, tägl. 7:00-22:00

Coop Örkelljunga, Bangatan 4, 286 37 Örkelljunga, tägl. 7:00-22:00, in direkter Nachbarschaft zum ICA Supermarket

Apotheke Ljungen, Ängelholmsvägen 1 B, 286 33 Örkelljunga, Mo-Fr 9:00-18:00, Sa 9:00-13:00, So geschlossen

Solljungahälsan (Gesundheitszentrum), David Anders gata 4, 286 37 Örkelljunga, ☎ 04 35/78 24 00, www.solljungahalsan.se, Mo-Fr 8:00-12:00 und 12:45-17:00, Sa-So geschlossen

♦ **The health center Örkelljunga**, Marknadsgatan 1, 286 31 Örkelljunga, ☎ 04 35/66 62 20, Mo-Fr 8:00-17:00

Die **regionale Busstation** von **Örkelljunga** befindet sich in der Nähe des Zentrums an der Bangatan, ca. 60 m vom zentralen Kreisverkehr entfernt (in der Nähe vom Coop Supermarket).

Ab dem Zentrum sind es 4 km über Schotterstraßen bis ins Dorf Lemmeshult (☞ 12. Etappe). Geradeaus wandern Sie auf dem Hallandsvägen durch das beschauliche Stadtviertel nach Norden. Nach 600 m unterqueren Sie die Schnellstraße und biegen bei der ersten Gelegenheit nach links in die Straße Almliden ein. An der ersten Kreuzung geht es rechts auf den Gamla Hallandsvägen. Ab hier folgen Sie stetig leicht bergauf der wenig befahrenen Teerstraße nach Norden aus der Stadt heraus. Vorbei an Grundstücken mit schön gestalteten Gärten, kleineren Wäldern und Feldern kommen Sie nach 3 km an eine Weggabelung. Halten Sie sich hier rechts in Richtung Lemmeshult. Nach weiteren 400 m erreichen Sie wieder die Kreuzung mit den Wegweisern zur Route SL1.

Sie wenden sich Richtung **Bjärabyget** und laufen die Piste etwas aufwärts. Bald überqueren Sie eine Schotterstraße und wandern geradeaus auf einen Waldpfad. Hinter einer Steinmauer geht es etwas weiter aufwärts. An einer Kreuzung angekommen wenden Sie sich nach rechts auf die Schotterstraße (1,4 km).

Der gut begehbare Weg verläuft durch übersichtlichen Nadelwald. Viele Schritte weiter hören Sie das Rauschen der Schnellstraße E4 von der linken Seite. Achten Sie zu Ihrer Linken auf einen Pfad Richtung E4, den Sie nach 1,4 km auf dem Schotterweg erreichen. Der schmale Pfad bringt Sie durch eine **Unterführung** auf die andere Seite der Straße ❷ (3 km).

Dann setzt er sich nach links fort und Sie überqueren nach 400 m eine niedrige Steinmauer. Danach entfernen Sie sich von der E4 und im Wald wird es deutlich ruhiger. Aus dem Wald heraus kommen Sie an dem christlichen Gemeindehaus „EFS-Gården“ vorbei. Vor Ihnen ist der **Åsljungasjön** zu sehen.

Ufer des Åsljungasjön

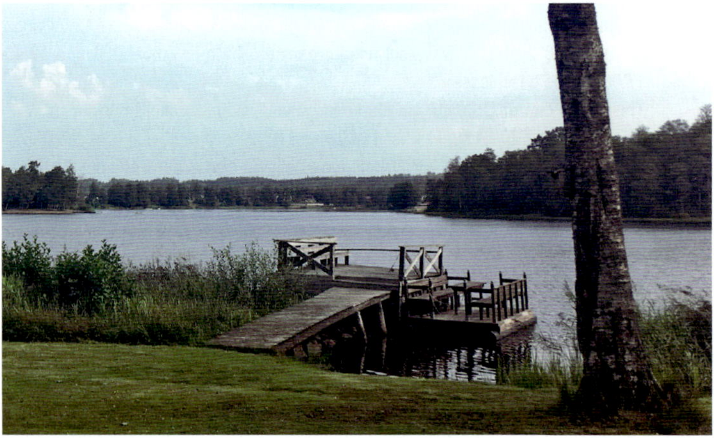

Die Teerstraße wird überquert und es geht auf einen Schotterweg nach links. Die nächsten knapp 2 km verlaufen über gut ausgebaute Wanderwege. An der nächsten Wegkreuzung auf einer Waldlichtung wenden Sie sich nach rechts und überqueren den Fluss Pinnån, anschließend gehen Sie wieder nach rechts. Bald darauf überqueren Sie einen Teil des Sees über eine breite Holzkonstruktion. Nach der nächsten Linkskurve gelangen Sie bald an einen ⩩ Rastplatz mit Sitzmöglichkeiten am Ufer.

Wenn Sie an einem kleinen Parkplatz angekommen sind, ist das erste Gebäude zu Ihrer linken Seite das **Wasserwerk** der Stadt, wo Sie an der Außenwand Trinkwasser bekommen können ❸ (5,6 km).

☝ Die Markierung kann übersehen werden! In der nächsten Rechtskurve gehen Sie geradeaus auf einen erst auf den zweiten Blick sichtbaren Pfad zwischen Spielfeld und einem mehrstöckigen Gebäude.

Am Spielfeld vorbei gelangen Sie auf eine Schotterstraße, die in eine Kreuzung mündet. Gehen Sie hier nach links in Richtung einer weiteren großen Kreuzung. Nun sind Sie im kleinen Dorf **Åsljunga** . Auf der anderen Seite der Kreuzung steht eine **Informationstafel mit Wegweiser ❹** (6,3 km).

Wenden Sie sich bei der ersten Gelegenheit nach links in ein Wohngebiet. An der nächsten Rechtskurve verlassen Sie die Straße geradeaus auf einen asphaltierten Pfad zwischen Bäumen und Häusern. Nach 250 m biegen Sie nach links auf einen Pfad ab, der Sie bald zur Schnellstraße bringt. An der viel befahrenen Landstraße geht es für 150 m nach rechts, bevor Sie über eine Brücke den Pfad überqueren, den Sie eben verlassen haben. Hinter der Brücke geht es rechts bald steil hoch in den Wald. Oben auf dem Hügel angekommen können Sie einen Abstecher nach links zum **Åsljunga-Aussichtspunkt** machen (7,5 km). Lassen Sie den Blick über die Bäume in die Ferne schweifen.

Vorbei an einem etwas überwucherten Tennisplatz rechts kommen Sie vor einem Gebäudekomplex auf eine Teerstraße. Hier biegen Sie zuerst nach links ab, um vor einem Sportplatz wieder links zu gehen. Sie wandern auf einem teilweise schmalen Pfad an einigen alten Steinmauern vorbei. Der Weg mündet in eine Schotterstraße und die Markierung weist nach rechts.

An der nächsten Weggabelung wenden Sie sich nach links auf eine Teerstraße.

Moorlandschaft vor dem Shelterplatz Bjärabyget

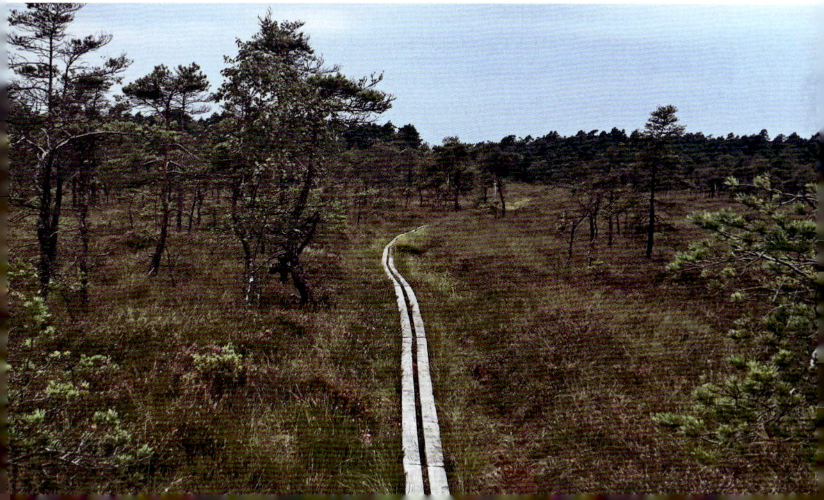

Die Straße endet am Sonnarpsbacken, dem Sie nach links leicht abwärts folgen (9,5 km). Für 550 m geht es auf der Straße geradeaus, bevor Sie diese nach rechts in Richtung Wald verlassen (10,1 km). Sie verlassen das kurze Waldstück nach ca. 200 m und es eröffnet sich eine neue Landschaft ❺. Der letzte Abschnitt dieser Etappe führt über Holzstege durch eine ungewöhnliche und vielfältige Moorlandschaft. Ab hier laufen Sie 2,1 km quasi schnurgerade bis zum nächsten Shelterplatz.

Den **Shelterplatz Bjärabyget** erreichen Sie 100 m, nachdem Sie die Schotterstraße überquert haben (12,3 km).

Shelterplatz Bjärabyget: Der relativ gut ausgestattete Shelterplatz bietet eine Feuerstelle, Schlafplätze für ca. 2 Personen, Sitzmöglichkeiten, Toiletten und einen Wasserbrunnen.

12. Etappe: Bjärabyget – Koarp

17,4 km, 5 Std. 50 Min., ↑ 354 m, ↓ 330 m, ⇧ 121-201 m

0,0 km	⇧ 157 m	Shelterplatz Bjärabyget
1,5 km	⇧ 140 m	Meilenstein
4,5 km	⇧ 178 m	Schranke
7,5 km	⇧ 170 m	Steinformation Snibe stua
8,0 km	⇧ 157 m	Naturreservat Björsåkra-Bölinge
9,8 km	⇧ 145 m	Teerstraße Byggetsrundan
11,7 km	⇧ 123 m	Stavershultsvägen
13,3 km	⇧ 164 m	Teerstraße Hultabyggevägen
16,4 km	⇧ 166 m	Abzweigung Richtung Koarp, Abzweig nach Våxtorp (6 km)
17,4 km	⇧ 182 m	Shelterplatz Koarp

Die heutige Etappe führt zu Beginn durch ein Moor. Sie verläuft überwiegend über Schotterwege, meist durch ruhigen Forst oder Wald. Auf den Hügeln kommen Sie mit einem Hauch von Sagen und Märchen in Berührung. Und das Wichtigste: Am Ziel haben Sie dank der Einwohner von Koarp Zugang zu sauberem Wasser.

Am Shelterplatz und Brunnen vorbei gehen Sie durch den Wald, bis die ersten Holzstege wieder auftauchen. Für die nächsten 800 m heißt es „Holzstegwanderung Vol. II". Nachdem Sie die Landstraße Hallandsvägen erreicht und überquert haben, geht es kurz geradeaus Richtung Lemmeshult (1,2 km).

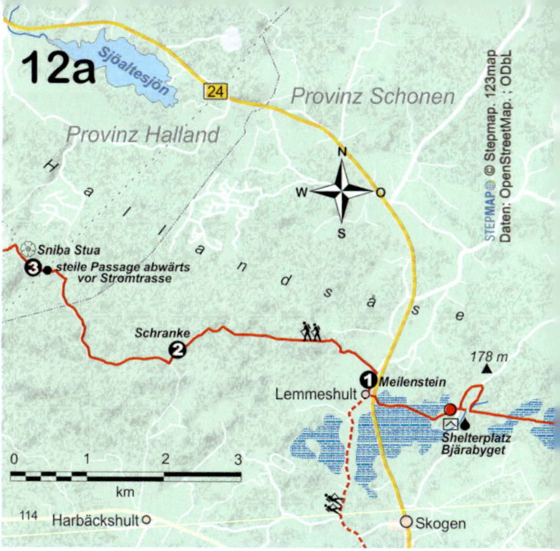

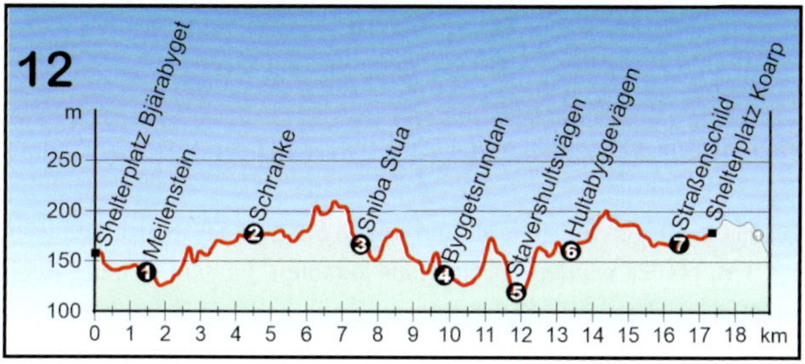

An der nächsten Weggabelung stößt der Weg aus Örkelljunga wieder auf die Route. Sie biegen nach rechts auf eine Schotterstraße ab und kommen in die kleine Ortschaft Florshult. Sie wandern auf der Straße an einigen Grundstücken vorbei. Achten Sie auf die linke Seite: Dort steht ein alter **Meilenstein** ❶ (1,5 km) (☞ 📷 S. 114).

Danach geht es hinter einem heruntergekommenen Haus nach links. Die Schotterstraße verläuft geradeaus auf ein Grundstück mit einem kleinen See zu. Links vom Haus, zwischen Gebäude und See, führt ein Pfad auf die Wiese.

Orientieren Sie sich am rechten Knick (Hecke). Kurz hinter dem Haus gehen Sie nach rechts, um nach einer Linkskurve zur nächsten Schotterstraße zu

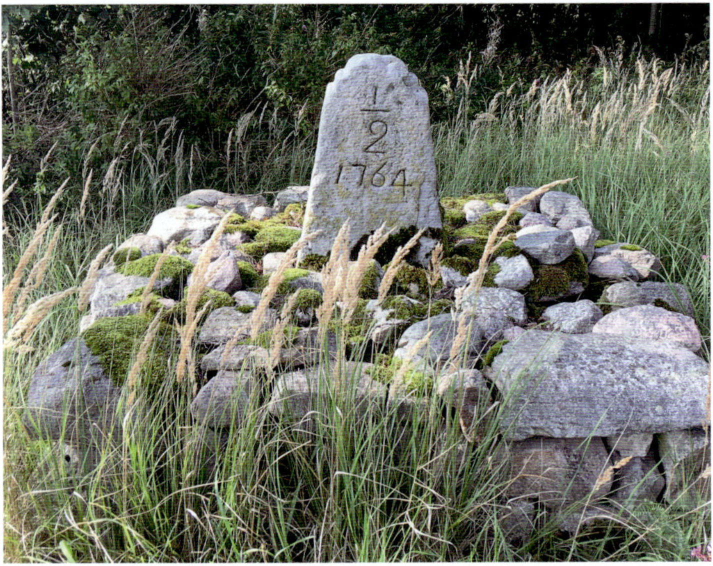

Meilenstein in Lemmeshult

gelangen. Biegen Sie links ab und folgen Sie dem Straßenverlauf leicht bergauf für 1,4 km, bis Sie wieder auf ein Haus zulaufen. Es geht in einer Rechtskurve links am Haus vorbei.

Direkt hinter der Rechtskurve und vor dem Wald verlassen Sie die Straße auf einen Pfad am Waldrand nach links (4 km). Dieser bringt Sie erst in einen jungen Forst, bevor er in eine Schotterstraße mündet, der Sie in Laufrichtung folgen. 200 m hinter einer **Schranke** stößt die Piste auf eine weitere, der Sie nach rechts folgen ❷ (4,7 km).

Der etwas langweilige Schotterweg durchquert Forst, Wald und Weide. Unterwegs kommen Sie am Schild der **Laholms-Kommune** vorbei (6,5 km). Hinter einer Kreuzung im Wald verlassen Sie den Weg nach links auf einen schmalen Pfad, der Sie wieder aufwärts führt (6,9 km). Vor einer Stromtrasse ist eine steile Passage zu bewältigen.

Vor allem bei Nässe ist erhöhte Konzentration gefragt.

Unterhalb der **Strommasten** geht es wiederum leicht bergab weiter (7,2 km). Bald stehen Sie vor einer Steinformation, der sogenannten **Snibe stua** ❸ (7,5 km).

⌘ **Snibe Stua**: Der Ort ist seit Jahrhunderten mit Sagen über einen Riesen namens Snibe verknüpft, der hier mit seiner Frau Kitta in einer Höhle gewohnt haben soll. Historische Beschreibungen der Höhle aus dem 18. Jh. bezeichnen den Eingang der Höhle als 20-30 Mann hoch! Überlieferungen zufolge ist er Anfang des 19. Jh. zusammengebrochen.

Es wird von offiziellen Stellen davor gewarnt, die Höhlen alleine zu betreten oder zwischen den Felsbrocken zu klettern.

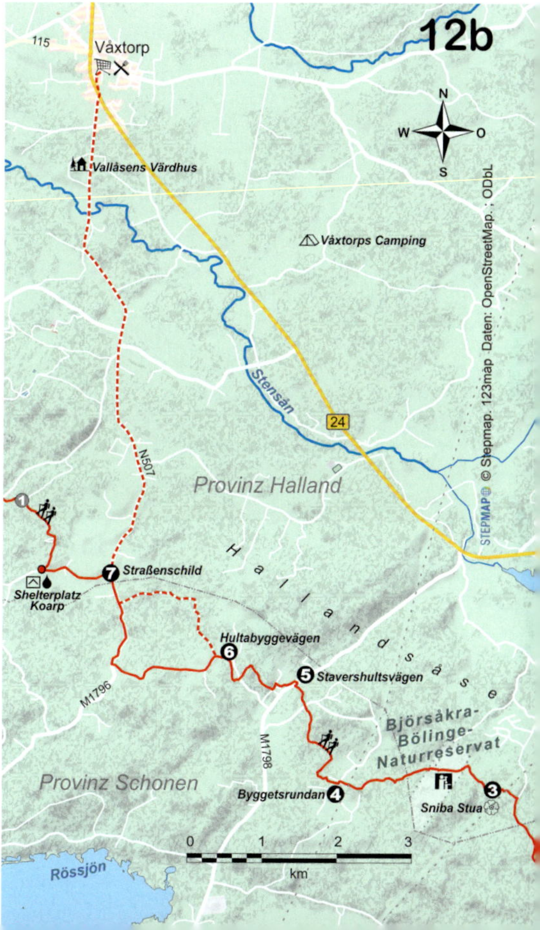

Der Wegverlauf zeigt Ihnen die Steinformation aus verschiedenen Perspektiven und führt abwärts daran vorbei. Vor einer Steinmauer gehen Sie nach links. Sie hören erst das Plätschern eines Baches und überqueren diesen kurz darauf. Der Weg verläuft nach einem kurzen Abschnitt durch Laubwald über ein Holztor auf die Weidefläche des **Björsåkra-Bölinge**-Naturreservates (8 km).

Björsåkra-Bölinge: Das hügelige Naturschutzgebiet umfasst auf ca. 45 ha eine überwiegend baumlose Landschaft. Es ist berühmt für seine Heidelandschaft und schöne Aussichtspunkte rund um den Park. Hier wachsen einige majestätische mehrstämmige Buchen, die das Licht durch ihren Wuchs optimal nutzen.

Naturreservat Björsåkra-Bölinge

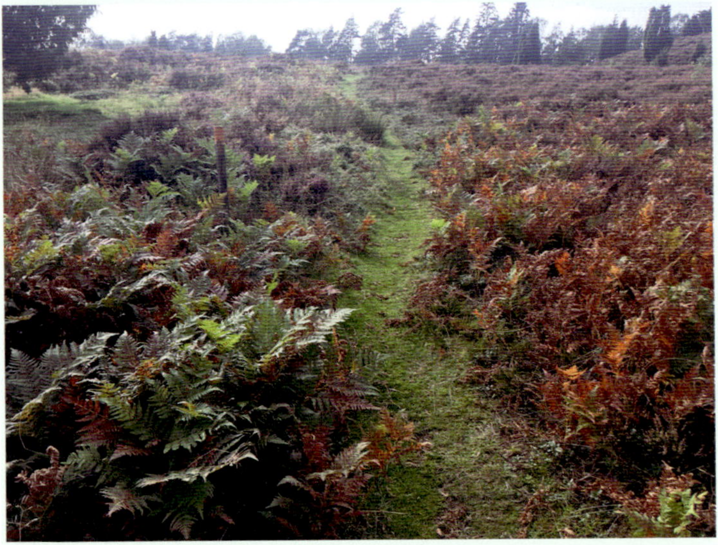

Hinter dem Tor geht es nach links auf den Hügel.

☺ Werfen Sie zwischendurch einen Blick zurück und genießen Sie die Aussicht.

Durch den Wald am Nordhang gehen Sie leicht abwärts, überqueren einen Schotterweg und verlassen das Naturreservat kurz darauf durch das Holztor (8,5 km). Sie kommen in einen Nadelwald. An der ersten Weggabelung im Wald wenden Sie sich rechts auf einen Waldweg (9 km). Nach 500 m verlassen Sie den Weg nach rechts auf einen schmalen Pfad, der etwas aufwärts führt.

An einer Lichtung gehen Sie unterhalb einer weiteren **Stromtrasse** durch, bevor Sie an der Teerstraße **Byggetsrundan** ankommen ❹ (9,8 km). Hier gehen Sie für ca. 10 m nach links, bevor Sie die Straße auf einen Pfad nach rechts verlassen.

Vor einer Lichtung folgen Sie der Markierung nach rechts und wandern 300 m durch eine Forstfläche, bevor Sie auf einen breiten Waldweg nach links abbiegen.

An einer **Kreuzung** im Wald halten Sie sich halb rechts auf einen Pfad, der in den Laubwald führt (10,9 km). Der übersichtliche und schöne Wald mit Buchen und Vogelgezwitscher im Hintergrund lädt zum Innehalten und einer kurzen Erholung ein.

Der Pfad kreuzt eine Teerstraße, nach der Sie schnell wieder in den Wald gelangen. Bald ist der Lärm einer Straße wahrzunehmen. Es geht parallel zur Straße über einen Fluss. Dann überqueren Sie den mäßig befahrenen Stavershultsvägen ❺ (11,7 km). Auf der anderen Seite geht es kurz steil hoch und auf dem Rücken des Hügels nach links.

Der Pfad verläuft kurz entlang der Hecke, bevor er an einer Schotterstraße endet. Gehen Sie dort nach links, bevor Sie vor der Linkskurve nach rechts auf einen weiteren Pfad abbiegen (12,2 km). Der Weg verläuft auf etwas grobem Untergrund und neben Forstflächen 400 m bergauf. An der Weggabelung neben dem abgezäunten Forst gehen Sie nach links.

Die nächste Asphaltstraße Hultabyggevägen überqueren Sie unweit einiger Häuser geradeaus auf einen Pfad. Am Pfadende gehen Sie nach rechts und biegen vor einem Grundstück wieder rechts ab. Durch einen Laubwald gelangen Sie wieder auf den Hultabyggevägen, den Sie vorhin bereits überquert haben ❻ (13,3 km). Die Markierungen zeigen nach links.

Ab hier stehen Ihnen für die nächsten 2 bis 2,5 km zwei etwas unterschiedliche Varianten der Route zur Auswahl. Beide Routen sind überwiegend gut markiert.

▷ Für die erste Variante biegen Sie bei der ersten Gelegenheit rechts von der Straße auf einen Schotterweg ab. Der Weg verläuft durch abgelegenen Forst und durchquert nach 500 m einen Hof. Dahinter geht es auf einen Pfad in den Wald. Die Markierungen finden Sie wie gewohnt an den Baumstämmen. Der Pfad mündet nach 600 m in einen Schotterweg, dem Sie nach links bis zum **Rössjöholmsvägen** folgen (2 km ab Abzweigung).

▷ Wenn Sie dem Hultabyggevägen bis zum Ende folgen, kommen Sie nach 1,7 km zum **Rössjöholmsvägen**, an dem Sie nach rechts gehen müssen. Nach 2,5 km kommt an einer Abzweigung die erste Route dazu.

☺ Die zweite Route empfehle ich vor allem Anfang Herbst wegen des Brombeerangebotes. Sie ist in der Karte als Hauptroute eingezeichnet.

An einer Wegabzweigung auf der linken Seite sehen Sie das **Straßenschild** Richtung „**Koarp**" ❼ (16,4 km). Nachdem Sie links abgebogen sind, laufen Sie leicht aufwärts, bis einige Häuser sichtbar werden. Sie wandern an den großen Höfen vorbei und finden bald den **Shelterplatz** auf der linken Seite (17,4 km).

Der **Shelterplatz Koarp** besteht aus zwei Lagerplätzen für je zwei bis drei Personen. Neben Trinkwasser und einer Toilette finden Sie hier auch Holz und eine Feuerstelle.

Morgensonne am Shelterplatz Koarp

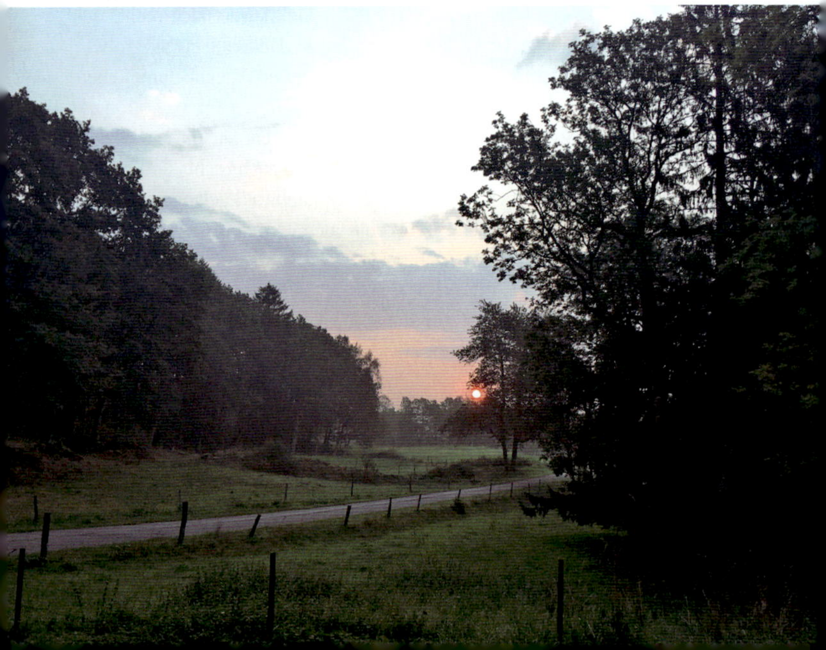

Das Dorf **Våxtorp** liegt ca. 6 km von der Route entfernt, bietet aber Übernachtungs- sowie Einkaufsmöglichkeiten. Es befindet sich nördlich des Lagerplatzes in Koarp. Sie erreichen das Dorf, wenn Sie dem Rössjöholmsvägen für 6 km weiter geradeaus folgen, anstatt nach links Richtung Koarp abzubiegen.

Våxtorp

Vallåsens Värdhus (Gasthof), Rössjöholmsvägen 20, 312 98 Våxtorp, 04 30/300 87, info@vallasensvardshus.se, www.vallasensvardshus.se. Die private Herberge bietet Zimmer mit eigenem Bad und Toilette an. Zimmer für 2 Personen: €€€€ (außerhalb der Saison) bzw. €€€€€ (in der Urlaubssaison). Bei frühzeitiger Anmeldung ist auch ein Abholservice möglich.

Våxtorps Camping, Kolbäckstorp 3, 312 98 Våxtorp, 04 30/331 29, www.naturcamping.com, Zeltplatz €, Hütte €€€€

ICA Nära Våxbohallen, Bygatan 12, 31275 Våxtorp, Mo-Fr 9:00-19:00, Sa 9:00-14:00, So 10:00-13:00

13. Etappe: Koarp – Brammarp

17,8 km, 5 Std., ↑ 273 m, ↓ 285 m, 163-226 m

0,0 km	182 m	Shelterplatz Koarp
1,2 km	175 m	Abzweigung Hallandsleden
2,9 km	184 m	Schild des Naturreservates
7,3 km	202 m	Ferienhaus mit Bank
11,9 km	197 m	Straßenschild Richtung Brammarp
12,9 km	202 m	Ekered-Naturreservat
13,4 km	199 m	Informationstafel
15,1 km	187 m	Schranke vor dem Högaskogsvägen
17,8 km	170 m	Shelterplatz Brammarp

Betrachten Sie den heutigen Tag in Bezug auf Wege und Markierungen als eine Art sich wiederholendes Mantra. Sie wandern viel auf Schotterwegen durch Forst, Weide und Naturschutzgebiet. Die Pfade verlaufen teilweise durch Unterholz. Die Etappe kann aber auch als Wanderung durch den letzten zusammenhängenden Wald auf der Route nach Ängelholm gesehen werden. Unterwegs bekommen Sie heute Wasser zum Nachfüllen. Am Ziel haben Sie den Fluss zum Wasserschöpfen.

Sie gelangen wieder auf den Weg, indem Sie vom Shelterplatz aus geradeaus die Straße überqueren und über die Holztreppen auf einen schmalen Pfad gehen. Er führt neben Weideflächen stets etwas aufwärts zu einem Forst. An einer gerodeten Stelle geht es kurz relativ steil aufwärts. Nach dem Aufstieg kommt der Abstieg. Sie erreichen einen breiten Weg und folgen seinem Verlauf (0,6 km).

Ignorieren Sie die Abzweigung ❶ auf den *Hallandsleden* rechts und gehen Sie auch an den nächsten zwei Weggabelungen nach links (1,2 km). Sie wandern auf breiten, wenig befahrenen Schotterstraßen durch jungen Forst und schöne Wälder. In den frühen Morgenstunden können Sie mit dem einen oder anderen tierischen Bewohner des Waldes am Wegesrand rechnen. Das könnte unter anderem daran liegen, dass Sie bald durch das Naturreservat **Musikedalen** spazieren. Die Informationstafel des Naturreservates sehen Sie auf dem Kärrevägen ❷ (2,9 km).

Musikedalen: Die 110 ha große Fläche auf dem Hallandsåsen (Hallandhöhenzug) beherbergt einen Reichtum an Vogelarten, Pflanzen und Pilzen. Es handelt sich um ein Feuchtgebiet mit Hängen, Bächen und teilweise sehr alten Buchen. Der Name des Naturreservates hat nichts mit Musik zu tun, was man vielleicht wegen der Vogelgesänge vermuten könnte. Das ursprüngliche Wort *myskmadra* beschreibt im alten südschwedischen Dialekt eine Pilzart in feuchten Wäldern.

Die Markierung weist Sie an, mitten im Forst nach 1,8 km nach links auf eine ähnliche Piste abzubiegen (3,5 km). Viele Schritte weiter wenden Sie sich am Ende des Weges nach links auf einen weiteren Schotterweg (5,2 km). Nach 500 m kommen Sie an Hinweisschilder in Richtung „Pennebo" bzw. „Hasslöv" und folgen diesen nach rechts.

Auf der Straße kommen Sie exakt an drei Häusern vorbei. Das erste steht am Anfang des Weges auf der linken Seite. Das zweite hat ein großes Ortsschild mit der Aufschrift „Hindbärabygget" aufgestellt. Und nach 1,6 km erreichen Sie in einer Linkskurve ein **Ferienhaus** 💧 auf der rechten Seite ❸ (7,3 km). Geradeaus am Anfang des Pfades gibt es auf der rechten Seite eine **Trinkwasserleitung** mit Fußpedal.

Ab hier werden Sie je nach Jahreszeit auf teilweise zugewucherten Wanderwegen unterwegs sein.

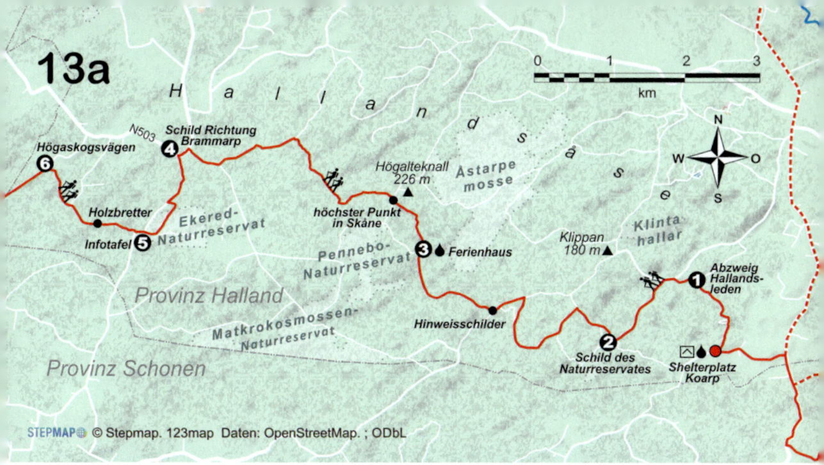

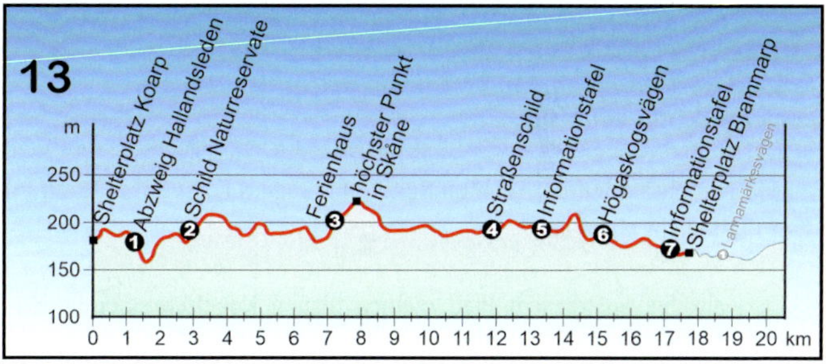

Der Pfad verläuft für einen kurzen Abschnitt über eine Wiese, bevor es in den Forst hineingeht. Nach 800 m durch den Forst folgen Sie an einer Lichtung einer Schotterstraße für 50 m nach rechts, bevor Sie diese wiederum nach links verlassen.

☺ Diese unscheinbare Schotterstraße markiert den höchsten Punkt der Von-Küste-zu-Küste-Route! Sie stehen ganze 226 m über dem Meeresspiegel! Es ist der höchste Punkt des Hallandsåsen und von ganz Schonen.

Beim Hallandsåsen handelt sich um einen relativ flachen Höhenzug in Südschweden. Es stellt auch die natürliche Grenze zwischen den beiden Provinzen Skåne und Halland dar. Die Flächen auf dem Rücken des Höhenzugs werden seit jeher als Weideflächen genutzt.

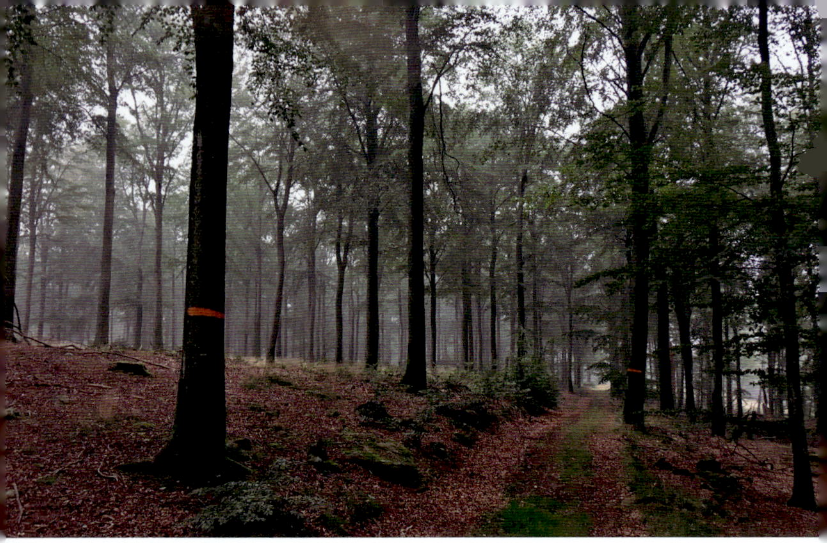

Orange Markierung an Baumstämmen macht das Navigieren auch im Winter einfacher

Mit Nadelwald auf der rechten Seite und jungem Forst linker Hand folgen Sie dem Pfad leicht abwärts.

☺ Falls Sie auf diesem Pfad meinen blauen Kugelschreiber finden sollten, würde ich ihn gerne wiederhaben.

An einer Lichtung bei km 10,1 erreichen Sie endlich eine Schotterstraße und biegen nach links ab. Der Weg führt an einem teilweise gut gepflegten Forst auf der linken und einem Naturreservat, das aussieht wie nach einem Kahlschlag, auf der rechten Seite vorbei.

Ich erfuhr während meiner Recherchen von den Auswirkungen des Orkans „Gudrun" im Jahr 2005 in Südschweden und besonders in der Provinz Halland. Der Sturm brachte in einer Nacht so viele Bäume und vor allem Fichten zu Fall, dass die entstandene Holzmenge vergleichbar mit der Holzproduktion eines ganzen Jahres in ganz Schweden war. Es entstanden eindrucksvolle Bilder von kilometerlang und mehrere Meter hoch aufgestapelten Holzstämmen. Die Folgen sind in den Naturreservaten bis heute gut erkennbar.

Am Ende des Weges (11,3 km) folgen Sie der Schotterstraße rechts für 400 m bis zum Ende. Gehen Sie dann 200 m nach links, bevor Sie an dem **Schild** Richtung „**Brammarp**" erneut nach links abbiegen ❹ (11,9 km). Sie wandern 700 m auf dem Schotterweg, bevor Sie an einer Lichtung den Markierungen nach links auf einen Pfad folgen. Nach 100 m gehen Sie nach rechts über die Wiese in einen schönen Laubwald. Der Wald ist ein Teil des **Ekered-Naturreservates** (12,9 km).

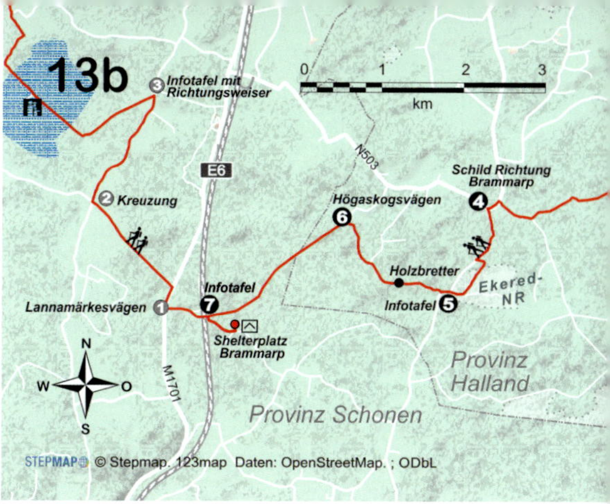

Das **Ekered-Naturreservat** umfasst ein ca. 33 ha großes Areal mit einigen Sumpfwiesen und -wäldern. Das Gebiet zeigt sich im Sommer in seiner vollen Blütenpracht. Es sind mit etwas Glück einheimische Orchideen, z. B. das Gefleckte Knabenkraut, oder die Troll- bzw. Butterblume zu bestaunen. Durch das Mähen der freien Flächen wird verhindert, dass dort Bäume oder Sträucher wachsen. Im Schutzgebiet sind auch alte Steinruinen sowie verlassene Bauernhöfe zu entdecken. Diese erzählen die alte Geschichte eines Dorfes, das Mitte des 20. Jh. die letzten Einwohner verlor.

Aus dem Wald heraus kommen Sie an einen unbefestigten Weg, dem Sie für 100 m nach rechts folgen, bis er vorbei an einer Informationstafel wieder in den vorherigen Schotterweg mündet ❺ (13,4 km). Gehen Sie 50 m nach links, bevor Sie die Straße an einer gerodeten Stelle nach rechts verlassen. Der Pfad verläuft teilweise auf sumpfigem Untergrund über netterweise hingelegte Holzbretter. Sie wandern durch einen ruhigen Laubwald und überqueren eine Schotterstraße (14,5 km). Geradeaus geht es auf einem Waldweg für 700 m durch dichten und weniger dichten Forst. An einer Schranke angekommen mündet der Weg in den **Högaskogsvägen** ❻ (15,1 km).

Sie biegen nach links ab und wandern für weitere 2,5 km immer dem Lärm der Straße entgegen, bis Sie vor einer Unterführung unter einer Autobahn stehen. Sie sehen rechts eine **Informationstafel mit Hinweisschildern** ❼ (17,3 km) und gehen nach links. Am Parkplatz vorbei folgen Sie dem Weg und entfernen sich etwas von der Autobahn. 500 m weiter erreichen Sie über einen schmalen Pfad den **Shelterplatz Brammarp** (17,8 km).

⛺ **Shelterplatz Brammarp**: Der Shelterplatz liegt im Wald an einem kleinen Fluss, leider in Hörweite zur Autobahn (☞ 14. Etappe).

14. Etappe: Brammarp – Båstad

➲ 11,8 km, ⌛ 3 Std. 20 Min., ↑ 108 m, ↓ 200 m, ⇧ 67-197 m

0,0 km	⇧ 170 m	Shelterplatz Brammarp ⛺
0,5 km	⇧ 171 m	Unterführung unter der E6
1,0 km	⇧ 174 m	Lannamärkesvägen
2,8 km	⇧ 183 m	Kreuzung mit Abzweigung nach Hålehall
4,3 km	⇧ 197 m	Informationstafel vor Naturreservat
9,0 km	⇧ 178 m	kleines Dorf Lya
10,6 km	⇧ 62 m	Ruine eines alten Brechschuppens
11,8 km	⇧ 73 m	Shelterplatz Båstad ⛺ 💧

Auf dem Hallandhöhenzug wandern Sie durch kleinere Ortschaften, hügelige Landschaften und ausgedehnte Moorgebiete bis nach Båstad. Die kurze Etappe ermöglicht Ihnen sowohl unterwegs als auch am Ziel, sich Zeit zu lassen, um auf Erkundungstour zu gehen. Die Landschaft, die bisher von tiefen Wäldern und abgelegenen Seen geprägt war, wandelt sich zu Acker- und Weidelandschaft.

Vom Shelterplatz aus gehen Sie die letzten 500 m von der vorherigen Etappe zurück bis zur Kreuzung mit dem Högaskogsvägen. An der Informationstafel biegen Sie nach links ab und unterqueren durch die **Unterführung** die Autobahn E6. Geradeaus wandern Sie auf einem Schotterweg weiter, bis dieser 500 m von der Autobahn entfernt in eine Landstraße (Lannamärkesvägen) mündet. Überqueren Sie die mäßig befahrene Straße und gehen Sie auf der anderen Seite nach rechts ❶ (1 km).

Bald sehen Sie Straßenschilder in Richtung „Bjärröd“. Nach 300 m geht es links auf einer relativ schmalen Teerstraße weiter. Meist neben Feldern wandern Sie immer geradeaus bis zum kleinen Ort Hulragered und kreuzen den **Gamla Riksvägen**. Unweit einiger Häuser an der Kreuzung zeigen Wegweiser sowohl nach rechts als auch nach links ❷ (2,8 km). Rechts laufen Sie auf der normalen Route nach Båstad, um danach an der Küste entlang nach Ängelholm zu kommen.

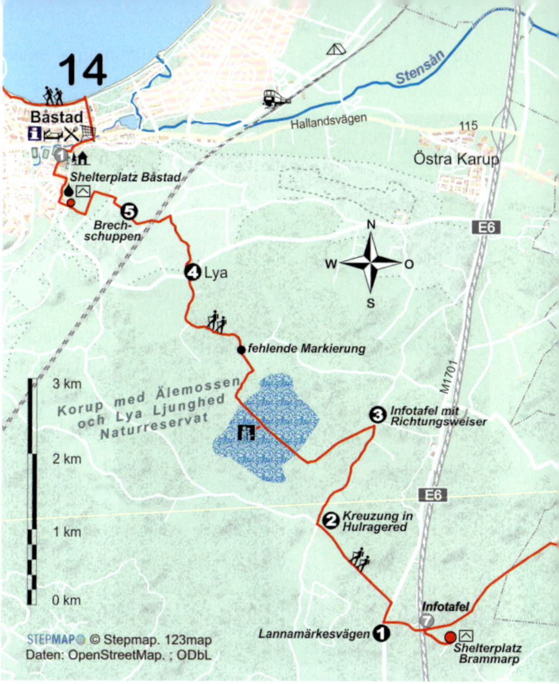

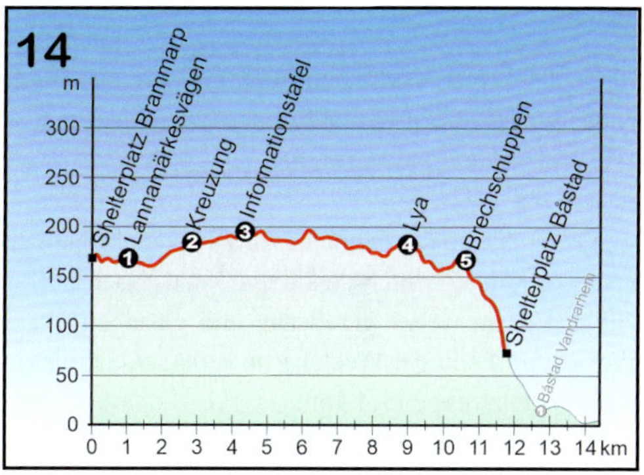

Es gibt auch eine Abkürzung, um ans Ziel zu gelangen. Dem Wegweiser nach links folgend wandern Sie über Förslöv und Vejbystrand nach Ängelholm.

Sie haben die Möglichkeit, die Etappe unterwegs am Shelterplatz Hålehall vor der Stadt Förslöv zu splitten. Bis nach Ängelholm sind es ab hier knapp 30 km.

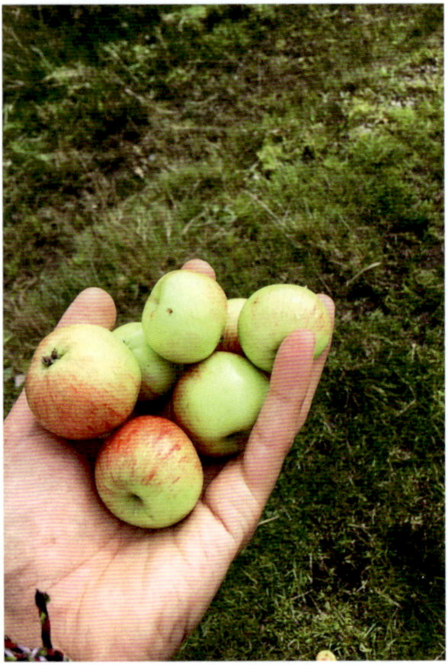

Saftige Wildäpfel auf dem Weg nach Båstad

Auf der regulären Route gehen Sie also nach rechts. Neben Wiesen und Äckern wandern Sie an einem Friedhof für Landwirtschaftsfahrzeuge vorbei. Lassen Sie auch die schönen Höfe und Häuser am Wegesrand hinter sich.

Nach 1,5 km erreichen Sie eine **Informationstafel** mit Richtungsweiser ❸ (4,3 km). Gegenüber sehen Sie eine weitere Informationstafel über das **Naturreservat Korup med Älemossen och Lya Ljunghed**.

Korup med Älemossen och Lya Ljunghed: Das knapp 400 ha große Areal wurde im 16. Jh. in der Gegend um Båstad aus Eichenwäldern entwickelt. Die Flächen des Hallandsåsen werden seit Jahrhunderten durch regelmäßiges Verbrennen der Heidepflanzen als Wiese und Acker für Tiere und Landwirtschaft erhalten. Feuchtgebiete machen fast ein Drittel der Gesamtfläche aus. Hier finden Sie eine Vielzahl an Insekten und Vogelarten.

Gehen Sie an der Schranke vorbei und auf einem gut begehbaren Schotterweg immer geradeaus durch Weide und Wald. Nach 600 m gehen Sie an einer Linkskurve 100 m weiter geradeaus und gelangen über eine Holztreppe auf eine Weide. Am Ende der Weidefläche verlassen Sie diese nach halb rechts über eine weitere Holztreppe (5,4 km).

Sie wandern auf Holzstegen und schmalen Pfaden vorbei an Kiefern durch eine ausgedehnte Heidelandschaft. In der warmen Jahreszeit kreisen Libellen über die Landschaft und kleine Salamander huschen unter die Stege. Eine Unterbrechung der Holzstege führt zu einem bewaldeten Gebiet, wobei Sie einen Pfad kreuzen (6,1 km).

Hier mitten in der Landschaft haben Sie die Möglichkeit, dem Pfad für 100 m nach links zu folgen, um auf eine **Aussichtsplattform** zu gelangen.

Hinter einer Rechtskurve wandern Sie auf einen schmalen Pfad zwischen Drahtzaun und Waldrand. Durch ein kleines Tor verlassen Sie das Naturreservat an einer Teerstraße und gehen nach links.

Fehlende Markierung!

Die Straße schlängelt sich durch hügelige Landschaften. Neben dem kleinen Ort **Lya** überqueren Sie einen Asphaltweg und gehen gegenüber geradeaus ❹ (9 km). Hinter einem roten Kuhstall passieren Sie Ackerflächen und laufen langsam abwärts vom Plateau in Richtung Meer.

Bei gutem Wetter haben Sie nach vorne einen weiten Blick auf die Bucht von Laholm und die Küstenlandschaft nördlich von Båstad.

Typischer Brechschuppen

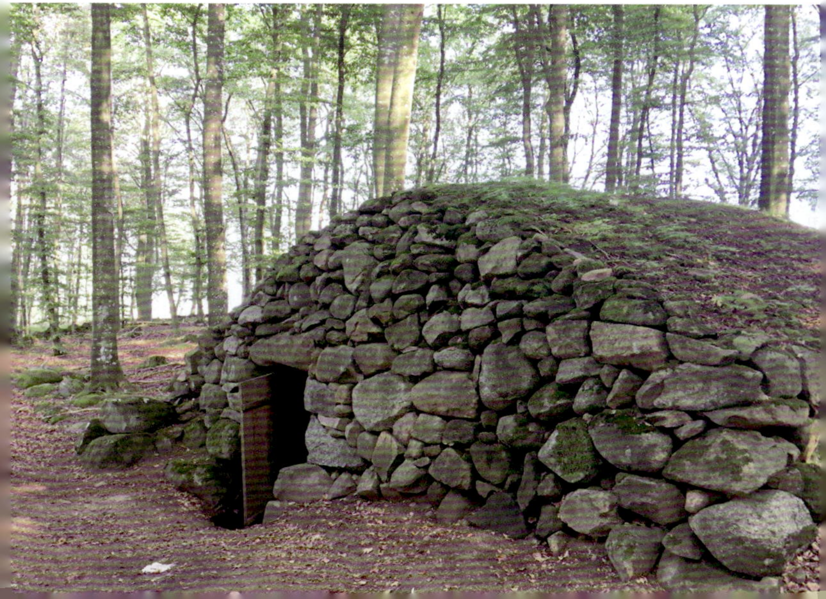

Folgen Sie der Straße in der Linkskurve nach Westen (10 km). Halten Sie sich auf dem Weg rechts, bis Sie nach 500 m ein Waldstück mit großen Laubbäumen erreichen. Zwischen den Bäumen ist auf der rechten Seite die Ruine eines **Brechschuppens** zu sehen ❺ (10,6 km). Mehr dazu erfahren Sie an der Informationstafel vor Ort.

Am Ende der Straße wenden Sie sich nach einer Rechtskurve nach links auf eine weitere Straße, den Fylkeskungavägen. Vor Ihnen breitet sich die Stadt Båstad an den Hängen des Höhenzuges aus.

In der nächsten Linkskurve folgen Sie ebenfalls der Straße (11,2 km). Gegenüber einem Landhaus auf der linken Seite nehmen Sie den unbefestigten Pfad neben einem Zaun nach rechts und folgen diesem teilweise steil abwärts. Den **Shelterplatz Båstad** finden Sie vorbei am Zaun auf der rechten Seite.

Båstad

Tourist Information Center, Köpmansgatan 1, 269 33 Båstad, ☏ 04 31/750 45, turistbyran@bastad.com, www.bastad.com, Di-Fr 10:00-18:00, Sa 11:00-14:00

Pensionat Neptun, Havsbadsvägen 18, 269 36 Båstad, 07 05/36 91 30, info@pensionatneptun.se, www.pensionatneptun.se, €€€€-€€€€€ (saisonale Preisunterschiede)

♦ **Pensionat Enehall**, Stationsterrassen 10, 269 36 Båstad, ☏ 04 31/750 15, info@enehall.se, www.enehall.se, Rezeption: tägl. 7:00-22:00, ab €€€

Båstad Vandrarhem, Korrödsvägen 9, 269 38 Båstad, ☏ 04 31/685 00, info@bastadsportcenter.se, EZ/DZ €€€-€€€€, MBZ €€. Im Monat Juli ist die Unterkunft meist ausgebucht! Das Vandrarhem liegt zentral in der Stadt und direkt am Weg, mitten auf dem Gelände eines Sportzentrums.

Båstad Camping, Norra Vägen 128, 269 96 Båstad, ☏ 04 31/755 11, info@bastadcamping.se, www.bastadcamping.se, Hütte €€€-€€€€, Zeltplatz €

Shelterplatz Båstad: Die Nähe zur Stadt hat sowohl Vor- als auch Nachteile. Der Lärm der Stadt wird zwar durch die Bäume etwas abgeschwächt, ist jedoch trotzdem deutlich zu hören. Leider versperren die Bäume die Sicht auf das Meer. Bis zum nächsten Supermarkt ICA sind es ca. 1,6 km. Vom Shelterplatz den Hang hinunter finden Sie einen Trinkwasserhahn sowie eine Toilette. Den Strand erreichen Sie nach 1,5 km.

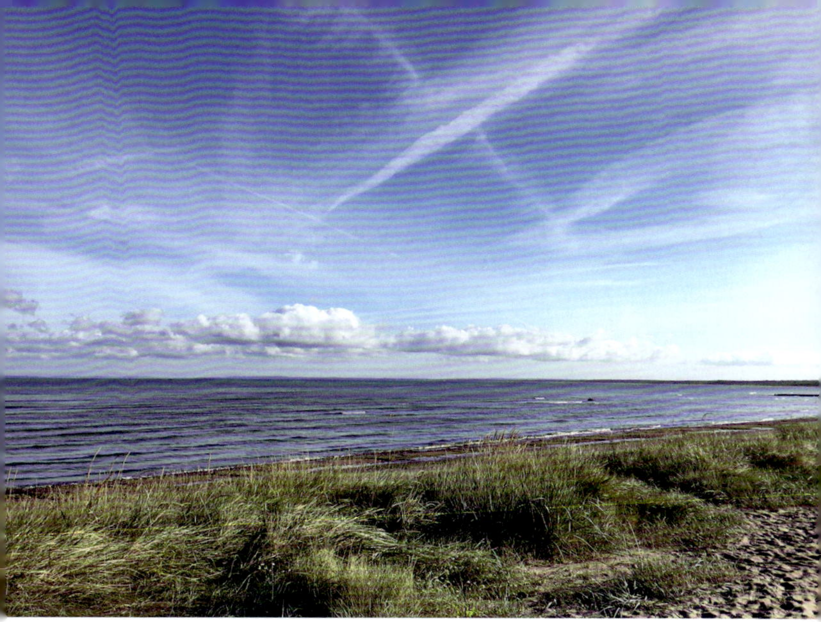

Strand von Båstad

ICA Supermarket, Köpmansgatan 76B, 269 31 Båstad, tägl. 8:00-21:00, ca. 500 m vom Weg entfernt

Kronans Apotek, Köpmansgatan 72, 269 31 Båstad, 07 71/61 26 12, Mo-Fr 8:00-18:00, Sa/So 9:00-14:00

Capio Citykliniken, Köpmansgatan 42, 269 31 Båstad, ☏ 04 31/47 14 00, www.capio.se, tägl. 8:00-22:00

Der neue Bahnhof von Båstad befindet sich an der Kreuzung Kustvägen/Stinsvägen am westlichen Rand der Stadt.

Die Kleinstadt Båstad mit ca. 5.100 Einwohnern ist die Tennishauptstadt Schwedens. 2019 fand hier das Swedish-Open-Turnier statt. Eine gute Infrastruktur und die schöne Lage zwischen Meer und Hallandhöhenzug bieten optimale Bedingungen für einen Kurzurlaub. Kilometerlange Strände mit einer faszinierenden Vogelwelt finden sich quasi direkt vor der Tür. Durch den regionalen Zugverkehr ist die Stadt an die Metropolen der Region angebunden.

15. Etappe: Båstad – Torekov

23,9 km, 8 Std., 407 m, 474 m, 1-145 m

0,0 km	73 m	Shelterplatz Båstad
1,0 km	14 m	Båstad Vandrarhem
2,1 km	2 m	Strand
3,5 km	5 m	Bootshafen Båstad
7,0 km	37 m	Norrvikens Gärten
13,6 km	145 m	Aussichtspunkt
16,2 km	43 m	Hovs Haller Hotel
18,3 km	4 m	Bootshafen Norrebro
23,5 km	3 m	First Camp Torekov-Båstad
23,9 km	7 m	Shelterplatz Torekov

Die nächsten Etappen entschädigen diejenigen, die nach zwei Wochen Wald Sehnsucht nach weiter Aussicht und vielfältigen neuen Landschaften haben. Die Etappe beginnt am Rand der Stadt und führt durch die Straßen bis zum Strand. Nachdem die Füße das Wasser berührt haben, geht es über die Strandpromenade zum belebten Bootshafen. Nach einer steilen Passage wandern Sie mit toller Aussicht auf das Meer wieder vorbei an Äckern und Weiden auf dem Rücken des Höhenzugs. Hinter dem ehemaligen (!) Shelterplatz Knösen können Sie dramatisch anmutende Klippen bestaunen. Auf einmal prägt der Wind die Landschaft.

Sie lassen den Shelterplatz hinter sich, gehen an einer Informationstafel vorbei und folgen der Straße Lyavägen bergab.

2019 wurde an der Kreuzung, wo es regulär nach rechts gehen sollte, gebaut.

Normalerweise finden Sie die orange Markierung hinter der ersten Kreuzung auf der rechten Seite. Zwischen Stadt und Wiese wandern Sie mit Blick auf den bewaldeten Hang geradeaus. In einer Linkskurve gehen Sie geradeaus auf einem schmalen Pfad über die Wiese. Am Floxvägen folgen Sie den Schildern nach links.

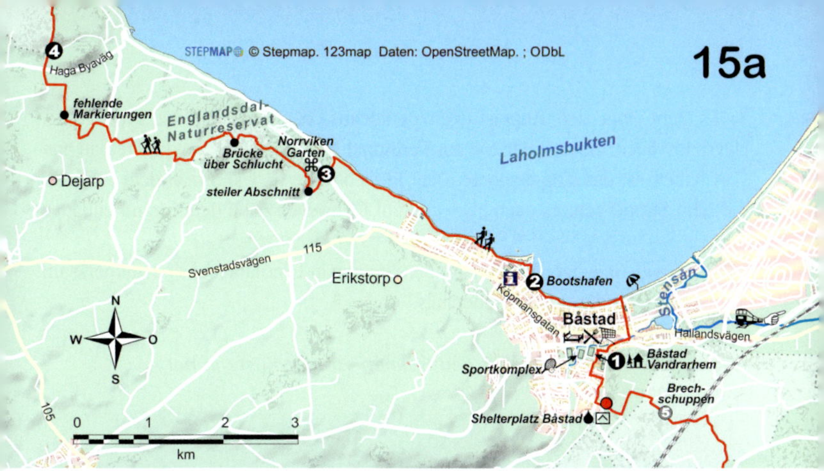

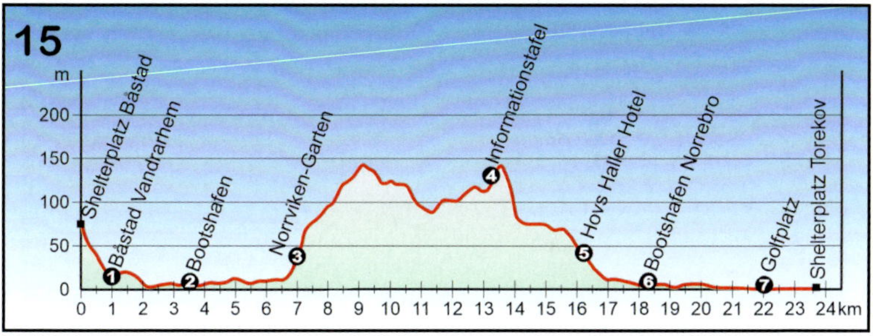

Vor einem kleinen Spielplatz biegen Sie rechts ab und kommen zum **Sportzentrum** der Stadt. Hier befindet sich das Herzstück der Tennishauptstadt Schwedens. Auf der linken Seite finden Sie das **Båstad Vandrarhem ❶** (1 km).

Direkt danach geht es nach rechts. Am Kungsbergsvägen wenden Sie sich nach links, bevor Sie nach 100 m wieder halb rechts abbiegen. Am Ende des Weges liegt das **Pensionat Enehall** auf der rechten Seite. Gehen Sie einige Schritte nach rechts, bevor Sie scharf links auf einen Pfad abbiegen. Über eine kleine Holzbrücke wie aus einem Märchenbuch gelangen Sie bald zur **Köpmansgatan**, einer der Hauptstraßen Båstads.

Wenn Sie hier nach links gehen, kommen Sie entlang der Köpmansgatan an einigen Restaurants, Cafés und auch dem Supermarkt vorbei.

Es geht über den Zebrastreifen geradeaus, dann mündet der Weg in den Havsbadsvägen. Links finden Sie das **Pensionat Neptun**. Wenn Sie das Freibad passiert haben, ist das lang ersehnte Meer in Sichtweite (2,1 km). Auf dem Parkplatz vor dem Strand geht es nach links und auf Gehwegen nahe dem Strand entlang.

Einige Seevögel machen auf den Steinen in Ufernähe auf sich aufmerksam. Robben mögen diese Plätze ebenfalls.

Kormorane wärmen sich auf den Steinen vor der Küste in der Morgensonne.

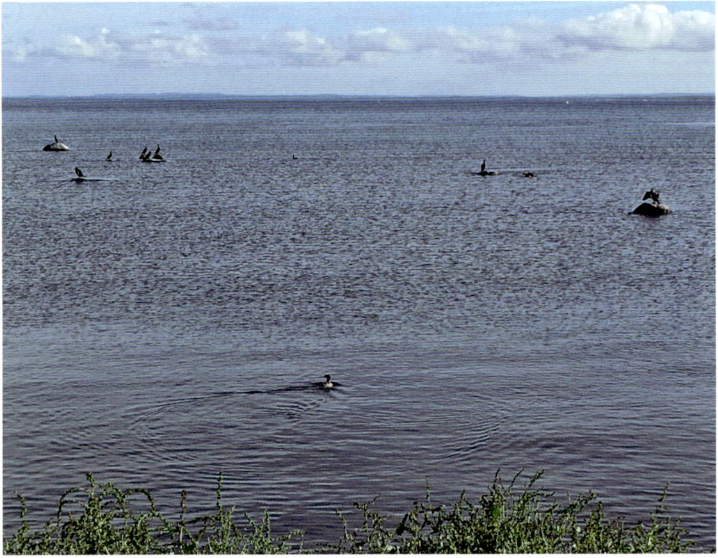

Der Weg verläuft zwischen Strandpromenade und Meer und bringt Sie bis zum **Bootshafen** mit vielen Bistros und Restaurants ❷ (3,5 km). Am Ende des Weges gehen Sie ein kurzes Stück nach links und vor einem Platz halb rechts auf einem Pfad weiter am Ufer entlang. Sie wandern nun auf beliebten Geh- und Fahrradwegen in Ufernähe. Es gibt einige klare Bäche, die von der Anhöhe zum Meer fließen.

Die Aussicht – nach links auf die Nordhänge des Hallandhöhenzugs und die Stadt, nach rechts auf das Meer und Vogelkolonien – lässt die Zeit schnell vergehen. An einer Abzweigung nehmen Sie den Weg halb links aufwärts bis zum Kattviksvägen. Ab hier ist wieder Schwitzen angesagt. Es geht kontinuierlich aufwärts auf den Höhenzug.

Der viel befahrenen Teerstraße folgen Sie steil aufwärts nach links. An der ersten Kreuzung gehen Sie an einem prächtigen Tor auf der rechten Seite vorbei. Es handelt sich um **Norrvikens Gärten ❸** (7 km).

⌘ **Norrvikens Gärten:** Die fantastischen Gärten wurden Anfang des 20. Jh. von C. Rudolf Z. Abelin, einem schwedischen Gartengestalter, entworfen und angelegt. Sein Studium am Schloss Rosenborg in Kopenhagen sowie seine Reisen durch Europa inspirierten ihn für seine Arbeit.

Von italienischen Barockgärten über Klostergärten bis zu orientalischem und japanischem Stil gibt es hier unterschiedliche Gärten zu bestaunen. Das Gelände wird vielseitig genutzt. In den Gebäuden sind eine Chocolaterie, ein Restaurant und eine Galerie untergebracht. Es finden auch verschiedene Veranstaltungen statt.

♦ Aktuelle Veranstaltungen und Preise sowie Öffnungszeiten entnehmen Sie bitte der offiziellen Website: 💻 www.norrvikenbastad.se.

Gehen Sie für weitere 300 m geradeaus, bevor Sie die Straße nach rechts auf einen Pfad verlassen. Erst wandern Sie über eine kleine Holzbrücke, um danach über Holzbalken und Treppen den steilen Hang des Hügels hinaufzulaufen. Nach der steilen Passage geht es durch einen Wald relativ moderat auf und ab bis zu einer Weidefläche.

Halten Sie sich auf der Weide am rechten Knick, bevor Sie diese nach 250 m über eine Holztreppe in den Wald verlassen (7,9 km). Eine Brücke über einen Bach bringt Sie zu einer Holztreppe, die über einen Zaun zum ✿ **Englandsdal-Naturreservat** führt.

Durch den Wald wandern Sie aufwärts. Immer wieder haben Sie durch die Bäume eine Aussicht auf das Meer. Sie wandern auf unbefestigten Wegen über teilweise felsigen Untergrund neben Brombeersträuchern. Eine Brücke bringt Sie über eine kleine Schlucht eines teilweise unterirdisch verlaufenden Flusses (8,9 km).

Nach 400 m verlassen Sie das Naturreservat über eine Holztreppe (9,3 km). Leicht abwärts geht es jetzt auf einem Pfad zwischen kleinen Wäldern und Weideflächen weiter. Am Ende des Pfades beginnt ein Zickzacklauf. An dem schmalen Asphaltweg biegen Sie nach rechts ab. Sie wandern 600 m durch Getreidefelder an Bauernhöfen vorbei. Gegenüber einem Hof führt eine Straße mit Blick aufs Meer nach rechts. Sie finden die nächsten Markierungen am Ende der Straße auf der linken Seite. Die nächste Weggabelung bringt Sie nach wenigen Metern nach links zu einer breiteren Teerstraße, der Sie nach rechts folgen. Vor einem gelben Haus auf der linken Seite gehen Sie auf einem Pfad vorbei. Der Pfad verläuft neben Hecken und Knicks und mündet nach 500 m vor einem Getreidefeld in einen Weg, dem Sie nach rechts folgen.

Vor und hinter einem Grundstück sind einige orange Markierungen schwarz übermalt. Nicht beirren lassen – Sie sind auf dem richtigen Weg.

Bei genanntem Grundstück beginnt ein Schotterweg, dem Sie bis zum Ende folgen.

Eingravierte Richtungspfeile in Bjärekusten-Naturreservat

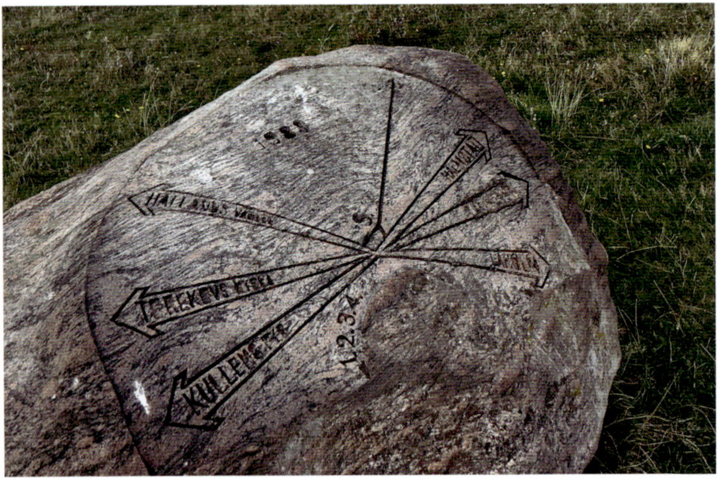

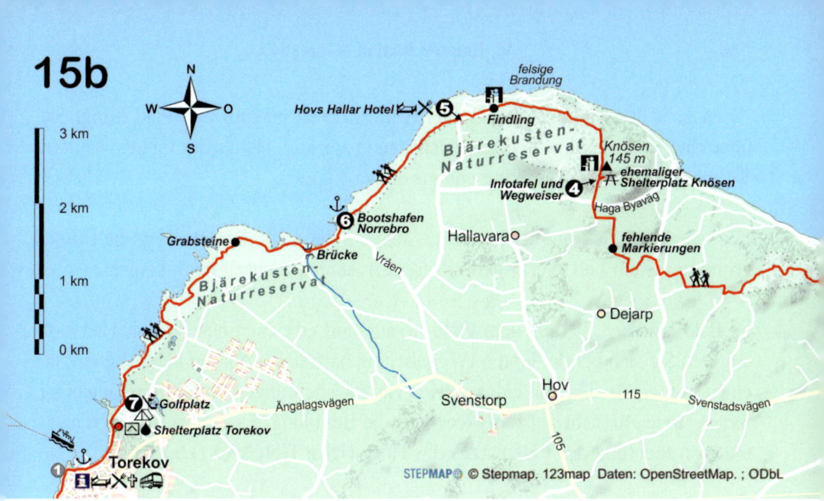

Sie kommen an eine Asphaltstraße und gehen hier rechts an einigen Pferdekoppeln und Häusern vorbei zu einer Kreuzung am Haga Byaväg (13 km). Orientieren Sie sich geradeaus, um neben dem Grundstück mit dem großen roten Gebäude auf einem schmalen Pfad vorbeizugehen. Immer geradeaus gelangen Sie in einen Wald, wo Sie bald auf eine **Informationstafel und Wegweiser** stoßen ❹ (13,4 km). Hier befand sich, wie auf den meisten Karten noch erkennbar, bis vor einigen Jahren der Shelterplatz Knösen. Der Platz bietet sich mit der Feuerstelle zum Rasten an.

Im Wald geht es noch einmal aufwärts bis zu einem **Aussichtspunkt** mit einem tollen Ausblick auf das Meer im Nordwesten (13,6 km).

Sie stehen auf dem Knösenhügel, dem mit 145 m über dem Meeresspiegel höchsten Punkt der Halbinsel. Dementsprechend haben Sie auch einen wunderbaren Blick auf die Halbinsel und den Wegabschnitt, den Sie schon hinter sich gebracht haben. Der Hügel befindet sich im **Bjärekusten-Naturreservat**.

Bjärekusten: Das Naturreservat erstreckt sich über eine 328 ha große Fläche im Norden der Halbinsel Bjäre und bietet abwechslungsreiche Aussichten auf unterschiedliche Landschaften. Von hohen Klippen bis zu rauen Felsformationen in der Brandung haben Sie hier allerlei zu betrachten und entdecken.

Es geht durch bewaldetes Gebiet relativ schnell bergab. Der Pfad bringt Sie über eine Holztreppe auf eine Weidefläche (14,5 km). Hinter der Weide wandern Sie mit Blick auf die Brandung entlang steiler Klippen.

Achten Sie trotz der guten Aussicht auf den Pfad. Der etwas grobe Untergrund aus Stein und Wurzelgeflecht fordert Aufmerksamkeit beim Laufen.

Bald kommen Sie aus dem Wald heraus und erreichen eine Wiese. Hier orientieren Sie sich bei der ersten Weggabelung nach links. Auf der Wiese sehen Sie einen großen Findling mit eingravierten Himmelsrichtungen und Orten. Genießen Sie die freie Aussicht auf das Meer und die Brandung. Es geht relativ steil nach unten in Richtung des Parkplatzes des **Hovs Hallar Hotels** ❺ (16,2 km).

Hovs Hallar Hotel, Hovshallavägen 160, 269 91 Båstad, ☏ 04 31/44 83 70, info@hovshallar.com, www.hovshallar.com, Rezeption: Mo-Sa 8:00-18:00, So 8:00-12:00, €€€€€. Das Hotel befindet sich direkt vor den Toren des Naturreservates Hovy Hallar und bietet eine sehr gute Möglichkeit, die Gegend zu länger zu erkunden.

☺ Ab hier bis nach Ängelholm brauchen Sie sich nur noch am Meer zu orientieren, frei nach dem Motto: im Zweifelsfall rechts halten!

Direkt vor dem Parkplatz führt ein Schotterweg nach rechts Richtung Meer. Falls Sie Interesse haben, die Felsen und Klippen von einer anderen Perspektive aus zu betrachten, gelangen Sie von hier scharf rechts am Ufer entlang zu den Attraktionen.

Ansonsten gehen Sie über den Parkplatz geradeaus, um gegenüber auf einem breiten Schotterweg leicht abwärts zu wandern.

Fast auf Meereshöhe angekommen haben Sie ein weites Feld mit abgerundeten Findlingen und Geröll vor sich (17,2 km). Weiter über ausgedehnte Weideflächen in Nähe des Ufers geht es bald an dem kleinen Bootshafen **Norrebro** mit bunten Häuschen vorbei ❻ (18,3 km). Nach 200 m erreichen Sie einen kleinen Parkplatz und gelangen dahinter an eine Kreuzung. Gehen Sie halb rechts über die Straße auf einen Schotterweg.

Sie passieren den Strand von Ingelstorp, einem Hafen mit einer langen Geschichte.

Für den Rest der Route kommen Sie regelmäßig an Kriegsbunkern vorbei. Die meisten sind dichtgemacht worden und können nicht betreten werden. Trotzdem bieten sich die Dächer sehr gut als Rast- oder Sonnenplätze an.

Eine kleine Brücke bringt Sie über einen Bach (19 km), danach wenden Sie sich nach rechts vom Schotterweg weg. An einem Sumpfgebiet vorbei spazieren Sie an naturbelassenem Strand durch Wacholdersträucher. Die Vegetation hat sich mit der Zeit an die rauen Bedingungen angepasst. Es sind verschiedene Vogelarten zwischen den Sträuchern und auf den Steinen an der Küste zu beobachten.

Ein weiteres Geröllfeld tut sich vor Ihnen auf. Die kleinen Anhöhen, die Sie am Wegesrand sehen, sind vermutlich Grabsteine aus der Bronzezeit (20,1 km). Die Steinfelder sind sichtbare Überbleibsel der geologischen Vorfahren der Ostsee.

Der Pfad ist etwas mühsam zu begehen, dies hat aber auch den Vorteil, dass Sie mehr von der Umgebung mitbekommen. Das Steinfeld wird immer wieder von Strauch- und Bauminseln unterbrochen, wodurch sich verschiedene spannende Landschaften auftun. Auf den idyllischen Weiden der Halbinsel finden sich Kühe, Schafe, Pferde und einiges mehr. Die Begegnungen mit den Tieren erfordern Wachsamkeit und Respekt. Die orangen Markierungen liegen hier etwas weiter auseinander und sind meist auf Steinen am Boden zu finden.

Über einige Treppen und Steinmauern geht es auf teilweise felsigem Untergrund am kilometerlangen Strand entlang. Sie passieren einen kleinen Parkplatz vor einem gepflegten **Golfplatz ❼** (22 km). An einer Steinmauer gehen Sie kurz auf eine Schotterstraße, um sie nach wenigen Schritten wieder nach rechts über ein Holztor zu verlassen. Auf einem Pfad entlang der Küste setzen Sie die Etappe fort. In einiger Entfernung zum Ufer sehen Sie die Insel **Hallands Väderö**.

Nachdem Sie einige Zäune über Treppen und durch Tore passiert haben, kommen Sie kurz hinter einem Bunker zum Campingplatz **First Camp Torekov-Båstad** (23,5 km). Am Campingplatz vorbei gehen Sie nach links über einen kleinen Fluss, bei der ersten Gelegenheit für 50 m nach links und danach nach rechts zum **Shelterplatz Torekov** (23,9 km).

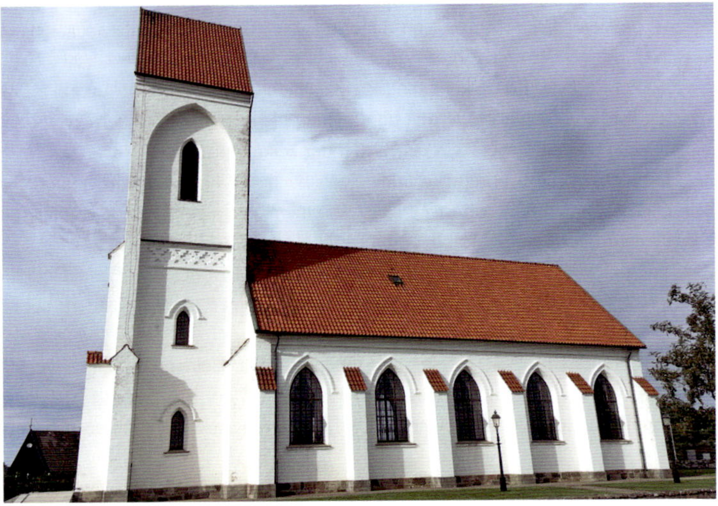

Kirche von Torekov

Torekov

Turistbyrå, Hamnplanen 2, 269 77 Torekov, ☏ 0431/36 31 80, info@torekov.se, www.torekov.se, Di-Fr 11:00-17:00, Okt-April abweichende Öffnungszeiten. Das Büro befindet sich an der Hafenstraße neben einer Bar.

B&B Torekov, Klockaregatan 5, 269 78 Torekov, ☏ 070/519 67 69, ingrid@bandbtorekov.se, www.bandbtorekov.se, €€€. Die kleine, privat geführte Unterkunft bietet Platz für Einzelpersonen oder kleinere Gruppen bis zu vier Personen. Die Unterkunft ist 1,1 km vom Hafen von Torekov entfernt.

First Camp Torekov-Båstad, Flymossavägen 5, 269 76 Torekov, ☏ 04 31/36 45 25, torekov@firstcamp.se, www.firstcamp.de/destination/torekov-bastad, Anfang April bis Ende Sep, Zeltplätze €, Hütten €€€-€€€€

Shelterplatz Torekov: Der gut versteckte Shelterplatz bietet Trinkwasser, Sitzgelegenheiten und eine Feuerstelle und ist keine 100 m vom Strand entfernt. Ein WC befindet sich etwa 100 m weiter an der Strandpromenade.

Fischküche: Direkt am Hafen finden Sie das beliebte Restaurant **Fiskhuset**, das frische Qualität zu moderaten Preisen bietet. An der Hafenstraße gibt es weitere Restaurants.

ICA Nära Torekov, Litorinavägen 12, 26977 Torekov, tägl. 9:00-20:00. Zum Supermarkt gelangen Sie, indem Sie am Shelterplatz vorbei noch einige Schritte Richtung Bootshafen von Torekov gehen, bevor Sie am ersten asphaltierten Weg nach links abbiegen. Orientieren Sie sich am Kirchturm. Ab dort ist der Supermarkt ausgeschildert.

⌘ Ruine der heiligen **Thora-Kirche** aus dem 14. Jh., Pål Romares gata 3, 269 77 Torekov

♦ Das **Schifffahrtsmuseum** in Form eines Schiffs liegt direkt hinter dem Hafen und ist nicht zu übersehen. Es ist in den Sommermonaten für Besucher geöffnet.
www.torekov.se

⚓ **Bootshafen**: Das Hafengelände und die benachbarten Straßen stellen das Zentrum des Dorflebens dar. Hier gibt es Restaurants, Bars und einiges weitere zu entdecken. Außerdem finden Sie Fähren zum Transfer auf die Insel Hallands Väderö. Auch eine Robbensafari wird hier angeboten.

Der Name der Stadt ist mit dem Namen der heiligen Thora verbunden. Um die Schutzheilige der Stadt ranken sich Legenden. Thora und ihre zwei Brüder wurden auf Befehl der Königin, die ihre Stiefmutter war, auf See gebracht, wo man sie im Wasser umkommen ließ. Die Leichen der Kinder wurden an verschiedenen Orten gefunden, die von Thora einer Version der Legende nach auf einem Stein am Ufer. Ein blinder Mann fand die Leiche auf dem großen Stein am Strand. Er versprach Thora, sie christlich zu begraben, wenn er sie wiedersehen dürfe. Und es geschah das Wunder: Sie wurde in der Nähe des Steins begraben, später brach an der Stelle, wo Thora lag, eine Wasserquelle hervor.

Für die Schutzpatronin der Matrosen, Mütter und Kinder wurde eine Kirche errichtet, die 1858 niederbrannte. Die Grundmauern der Kirche zeigen noch die Umrisse des Gebäudes. Die neue Kirche der Stadt wurde Anfang des 20. Jh. auf einem Hügel etwas entfernt gebaut. Ebenfalls nicht zu übersehen ist der große Findling am Strand, der Stein der heiligen Thora.

Hallands Väderö: Die 3 km² große Insel westlich der Stadt gehört zur schwedischen Kirche und bietet aufgrund der großen Vielfalt an Flora und Fauna für Natur- und Vogelliebhaber eine schöne Möglichkeit, auf Entdeckungstour zu gehen. Die Geschichte der Insel reicht bis in die Steinzeit zurück. Wer darüber mehr erfahren möchte, kommt in den meisten Monaten vom Hafen von Torekov aus mit der Fähre „Väderötrafiken" auf die Insel und kann dort das kleine Museum besuchen. Die Fahrt dauert ca. 20 Min. und kostet ca. SEK 160. Weitere Informationen finden Sie auf www.vaderotrafiken.se.

16. Etappe: Torekov – Gryteskär (bei Vejbystrand)

16,8 km, 5 Std., ↑ 106 m, ↓ 108 m, ⇧ 1-14 m

0,0 km	⇧ 7 m	Shelterplatz Torekov
0,8 km	⇧ 5 m	Bootshafen ⚓
1,0 km	⇧ 4 m	Schifffahrtsmuseum ⌘
2,8 km	⇧ 4 m	Schild des Naturreservates
4,5 km	⇧ 14 m	Grabhügel
6,2 km	⇧ 2 m	kleiner Bootsanlegeplatz
7,7 km	⇧ 6 m	Bootshafen von Rammsjöstrand
13,6 km	⇧ 5 m	Segelstorpsstrand (Informationstafel mit Wegweiser)
14,4 km	⇧ 9 m	Kreuzung Teerstraße, Abzweig zum Krämerladen
16,8 km	⇧ 5 m	Shelterplatz Gryteskär

Obwohl die heutige Etappe nicht so lang ist, empfehle ich Ihnen, in den frühen Morgenstunden aufzubrechen. Wenn der Nebel Hafen und Strand wieder sichtbar werden lässt, bekommen Sie die Möglichkeit, eine faszinierende Tier- und Pflanzenwelt zu bestaunen. Fast die komplette Etappe verläuft am Strand entlang durch das Södra-Bjärekusten-Naturreservat. Von sagenhaften Steinen über historische Gräber bis zu Kriegsbunkern: alles versammelt vor dieser malerischen Kulisse.

Zurück zum Strand kommen Sie über einen Sandweg zur Strandpromenade und am **Bootshafen** vorbei (0,8 km). An einem Kreisverkehr rechts vorbei gehen Sie durch eine Gasse zu einem Parkplatz.

⌘ Wenn Sie vor dem Parkplatz nach links gehen, kommen Sie nach 100 m an der Ruine der historischen **Thora-Kirche** an.

Am Ende des Bootshafens sehen Sie das ⌘ **Schifffahrtsmuseum** der Stadt in der unverwechselbaren Form eines Schiffes ❶ (1 km). Zu entdecken gibt es außerdem die kleine Holzhütte **Skjulet Torekov** auf der linken Seite des Weges.

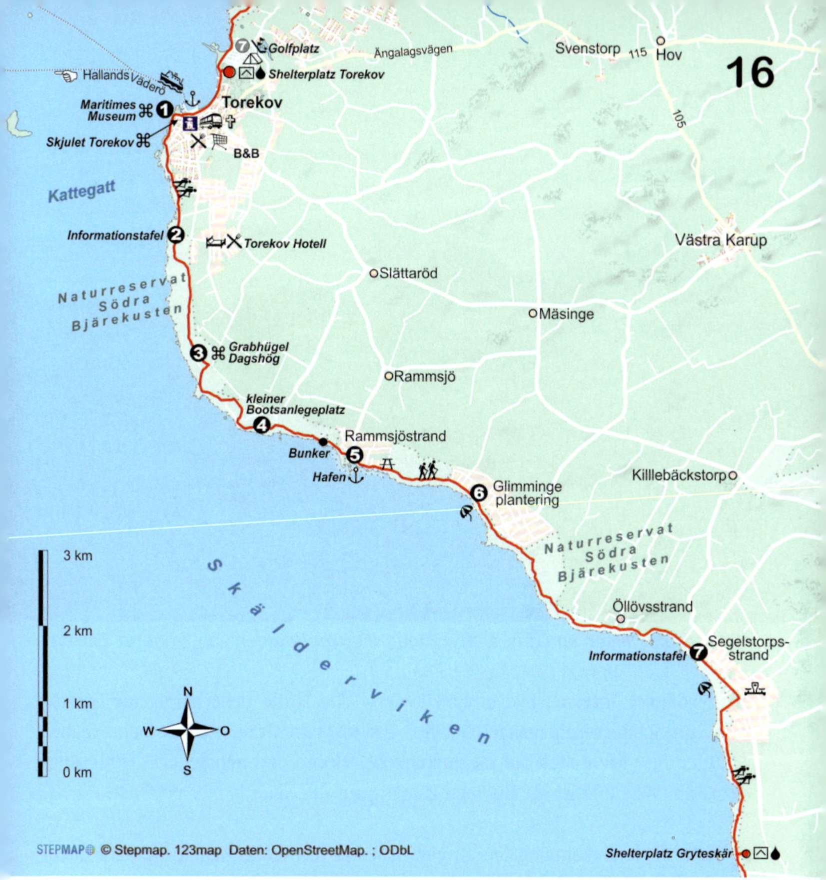

16
Golfplatz
Ängalagsvägen
Svenstorp
115
Hov
Shelterplatz Torekov
Hallands Väderö
Maritimes Museum
Torekov
Skjulet Torekov
B&B
105
Kattegatt
Informationstafel
Torekov Hotell
Västra Karup
Slättaröd
Naturreservat Södra Bjärekusten
Mäsinge
Grabhügel Dagshög
Rammsjö
kleiner Bootsanlegeplatz
Rammsjöstrand
Bunker
Hafen
Glimminge plantering
Killlebäckstorp
3 km
2 km
1 km
0 km
Skäldervik en
Naturreservat Södra Bjärekusten
Öllövsstrand
Informationstafel
Segelstorps-strand
N
W
O
S
STEPMAP © Stepmap. 123map Daten: OpenStreetMap. ; ODbL
Shelterplatz Gryteskär

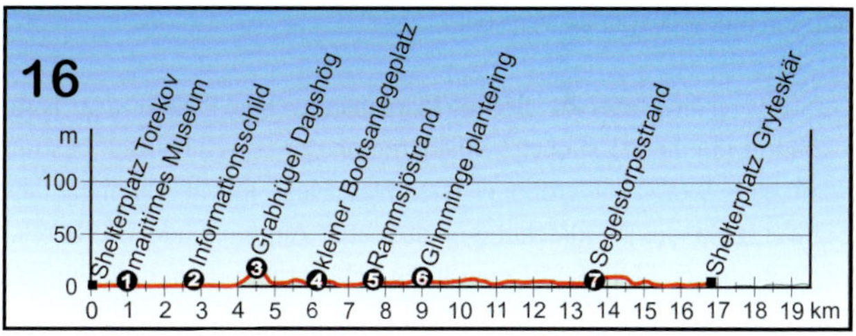

16
m
100
50
0
Shelterplatz Torekov
maritimes Museum
Informationsschild
Grabhügel Dagshög
kleiner Bootsanlegeplatz
Rammsjöstrand
Glimminge plantering
Segelstorpsstrand
Shelterplatz Gryteskär
0 1 2 3 4 5 6 7 8 9 10 11 12 13 14 15 16 17 18 19 km

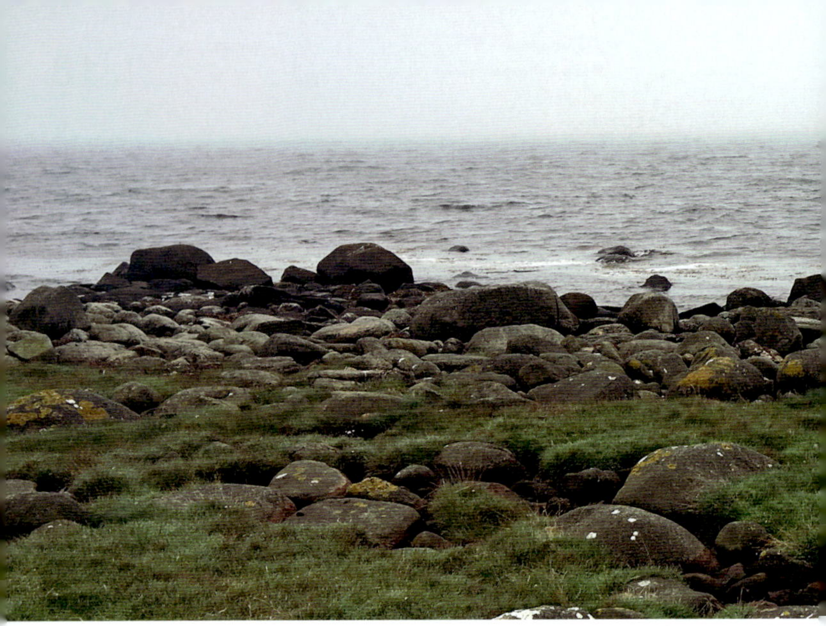

Wo hier das Meer an Land trifft zeugen die Geröllfelder von früherer Eiszeit

⌘ **Skjulet Torekov**: Die umfunktionierte alte Hütte beherbergt eine Sammlung von Schildern ehemaliger Schiffe, Galionsfiguren und einiges mehr. Früher warteten hier Menschen auf die Ankunft der Boote und Schiffe. Die Hütte liegt direkt am Weg und ist durch einen Zugang auf der Seite immer geöffnet.

Kurz dahinter kommen Sie an eine Linkskurve. Rechts sehen Sie den „Stein der heiligen Thora“. Am letzten Haus geht es durch ein Tor auf die erste der vielen vor Ihnen liegenden Wiesen.

Naturreservat Södra Bjärekusten: Der Name des Naturreservates bedeutet übersetzt „südliche Küstenregion der Bjärehalbinsel“. Es umfasst insgesamt eine 5.000 ha große Fläche. Das Meer macht mit mehr als 80 % den Schwerpunkt des Naturschutzgebietes aus. Angrenzende Uferbereiche belassen der natürlichen Flora und Fauna ihren Lebensraum. Durch den unterschiedlichen Nährstoff- und Wassergehalt im Boden ist die Pflanzenvielfalt groß.

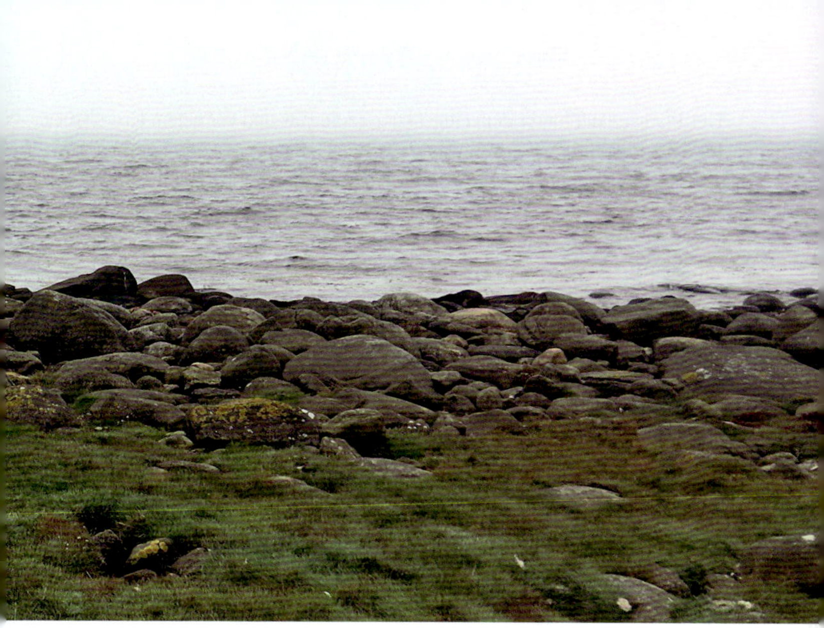

Von Tor zu Tor, von Weide zu Weide und durch Schafherden geht es immer an der Küste entlang. Schauen Sie auf die Steine im Wasser: Imposante Kormorane, laute Möwen, Schwäne und auch Robben und Seehunde suchen sich die Steine aus, um das Getümmel am Strand zu verfolgen.

Neben einer Informationstafel über das Naturreservat folgen Sie dem Pfad über eine Holztreppe auf eine weitere Weide ❷ (2,8 km). Einige Schafe und Sträucher weiter sehen Sie einen aus der Landschaft hervorstechenden Hügel, den Sie auf der rechten Seite passieren. Es handelt sich um den größten Grabhügel in Schonen ❸ (4,5 km).

⌘ **Dagshög**: Der Hügel ist 5 m hoch und bildet in der baumlosen Umgebung eine Anhöhe. Legenden besagen, dass der Wikingerkönig Dag hier begraben liegt.

Sicher ist, dass der Hügel sowohl vom Land als auch vom Meer aus sichtbar ist. Anscheinend hatte der Hügel mitten auf dieser jahrhundertealten Weide viele verschiedene Funktionen.

Der Pfad verläuft hinter dem Hügel kurz geradeaus und vor einem Grundstück nach rechts in Richtung eines Bunkers. An einer Steinmauer vorbei und kurz vor dem Strand geht es links weiter. Sie wandern über groben Schotter zwischen Feuchtgebieten, Sträuchern und Steinfeldern. Parallel zu einem kleinen **Bootsanlegeplatz ❹** (6,4 km) geht es kurz auf eine Schotterstraße, die Sie nach 100 m neben einer Ruine geradeaus verlassen.

Nachdem Sie eine Pferdewiese neben einem Betonbunker durchquert haben, erreichen Sie eine Straße, der Sie in Richtung einiger Häuser folgen, um nach **Rammsjöstrand** – ein kleines Fischerdorf – zu gelangen. Vorbei an einigen kleineren, gepflegten Häusern wenden Sie sich an der ersten Kreuzung nach rechts in Richtung **Hafen ❺** (7,7 km). Vor dem Hafen biegen Sie wieder nach links auf eine Straße ab. Geradeaus verlassen Sie hinter einem Rastplatz mit Sitzmöglichkeiten auf der rechten Seite die Straße durch ein Tor ins Naturschutzgebiet (8,2 km).

Über einen relativ breiten Schotterweg wandern Sie durch ein raues Küstengebiet bis zum kleinen Ort Glimminge plantering ❻ (9 km). Es tauchen vermehrt Häuser, Grundstücke und auch einige Parkplätze für Strandbesucher zwischen den Pfaden auf. Der Untergrund wird sandiger und feiner. Das Laufen fällt hier etwas leichter. Sie haben einen schönen Blick über die Bucht von Skälderviken.

Entlang des Strandes reihen sich Dörfer aneinander, wobei Sie zunächst das kleine Dorf Ängelsbäcksstrand passieren. Am Ortsbeginn von **Segelstorpsstrand** laufen Sie über einen Parkplatz und kommen an einer **Informationstafel** vorbei ❼ (13,6 km). Auf einem geraden Weg entfernen Sie sich vom Strand. Bäume und Häuser stehen nun zwischen Ihnen und dem Meer. An einer Kreuzung mit einer Teerstraße finden Sie die Markierungen auf der rechten Seite in Richtung Meer (14,4 km).

Wenn Sie an der Kreuzung links und dann noch einmal links abbiegen, kommen Sie zu einem kleinen Lebensmittelladen. Er befindet sich 100 m von der Kreuzung entfernt im ersten Haus auf der linken Seite.

Vor dem Strand wenden Sie sich nach links auf einen Pfad. Hinter einem Parkplatz gelangen Sie wieder zum Naturreservat. Auf Höhe eines weiteren Bunkers sehen Sie am Meer eine bei Vögeln besonders beliebte Stelle. Vom Dach des Bunkers haben Sie eine gute Sicht auf die Tiere.

Sie überqueren eine alte Steinmauer und gelangen auf eine Pferdewiese. Auf der linken Seite, vor den Toren des Küstenortes Vejbystrand, finden Sie den Eingang zum **Shelterplatz Gryteskär** (16,8 km).

Shelterplatz Gryteskär: Gegenüber einem der unzähligen quadratischen Bunker am Strand liegt der Shelterplatz in einem schönen Waldstück.

17. Etappe: Gryteskär – Ängelholm

16,5 km, 4 Std. 45 Min., 104 m, 104 m, 1-17 m

0,0 km	5 m	Shelterplatz Gryteskär
0,8 km	2 m	Hafen Lervik
3,3 km	5 m	Vejbystrand (Hafen)
3,9 km	4 m	Schwimmbad
6,4 km	5 m	Magnarp (Hafen) ⌘
11,6 km	2 m	Hafen Ängelholm
13,8 km	4 m	Råbocka Camping
16,2 km	7 m	Eisenbahnmuseum Ängelholm ⌘
16,5 km	5 m	Ängelholm (Bahnhof) BANK ⌘

Die letzte Etappe beginnt vor Vejbystrand und verläuft durch kleine Ortschaften bis nach Ängelholm. Jede Menge Bademöglichkeiten an kilometerlangen Sandstränden laden besonders unter der sommerlichen Sonne zu einer Pause ein. In Ängelholm können Sie Ihre Wanderung in der Stadt, am Strand oder im Wald ausklingen lassen.

Gehen Sie zurück auf die Pferdewiese und nach links. Sie spazieren über einen kleinen Parkplatz und danach über eine Schotterstraße. An der Linkskurve verlassen Sie die Straße geradeaus über eine Holztreppe auf eine Weide. Durch ein Tor erreichen Sie den kleinen Hafen von **Lervik** ❶ (0,8 km). Neben dem Hafen, der in seiner jetzigen Form seit Mitte des 19. Jh. besteht, gehört zu dem ehemaligen Fischerdorf auch eine eigene Bucht. Der alte Hafen wurde in Schriften aus dem 16. Jh. erstmals erwähnt.

Biegen Sie vor dem Hafen nach links auf eine Straße ab. In einer lang gezogenen Rechtskurve umrunden Sie die ehemalige, inzwischen versandete Bucht von Lervik. Am letzten Haus auf der linken Seite verlassen Sie die Straße nach rechts auf einen Pfad. Orientieren Sie sich an der Steinmauer auf der linken Seite und folgen Sie dem Pfad über einen Parkplatz.

Hier in **Storahults strand** beginnt ein langer Sandstrand Richtung Süden. Parallel zum ausgedehnten Strand laufen Sie auf einem breiten, befahrenen Weg weiter. Am Ende der Straße gehen Sie geradeaus über Holztreppen auf eine Strandwiese. Sie überqueren einen kleinen Bach und kommen danach an eine Informationstafel über das Naturreservat. Direkt dahinter passieren Sie einen Drahtzaun und betreten die Ängelholm-Kommune und Vejbystrand. Auf Pfaden und Gehwegen wandern Sie weiter nach Süden. Der **Hafen** von **Vejbystrand ❷** wird sichtbar (3,3 km).

Vejbystrand

Vejby Strand Hotel & Pub, Sandlyckevägen 1, 266 53 Vejbystrand, ☏ 07 03/40 31 64, info@vejbystrandhotel.se, www.vejbystrandhotel.se, 10 Doppelzimmer, €€€€. Das Hotel liegt direkt am Strand vor dem Hafen.

♦ **Vejby Strand Hostel,** Skogsvägen 37, 266 54 Vejbystrand, ☏ 04 31/45 30 50, info@vejbystrandsvandrarhem.se, www.vejbystrandsvandrarhem.se, €€€

Hamnkrogen, Hamnvägen 11, 266 53 Vejbystrand. Dieses und weitere Restaurants finden Sie am Hafen oder an der Promenade.

Vejby Vingård, Västraljungbyvägen 319, 266 51 Vejbystrand, www.vejbyvingaard.com, für Weinproben: tägl. 12:00-20:00. Einer der nördlichsten Weingärten in Schweden!

ICA Nära Vågen, Postvägen 10, 266 52 Vejbystrand, tägl. 8:00-20:00

Sie verlassen die Wiese, gehen 600 m auf einer befahrenen Strandstraße geradeaus und danach auf Gehwegen bis zu einem **Freibad**.

An der Außenwand befindet sich ein Trinkwasserhahn.

Am Ende eines länglichen Parkplatzes kommen Sie am Vejby Strand Hotel auf der linken Seite vorbei. Wieder auf einem breiten Pfad gehen Sie durch eine kleine Bauminsel und mannshohe Sträucher auf das Naturschutzgebiet Magnarps Strandmarker zu.

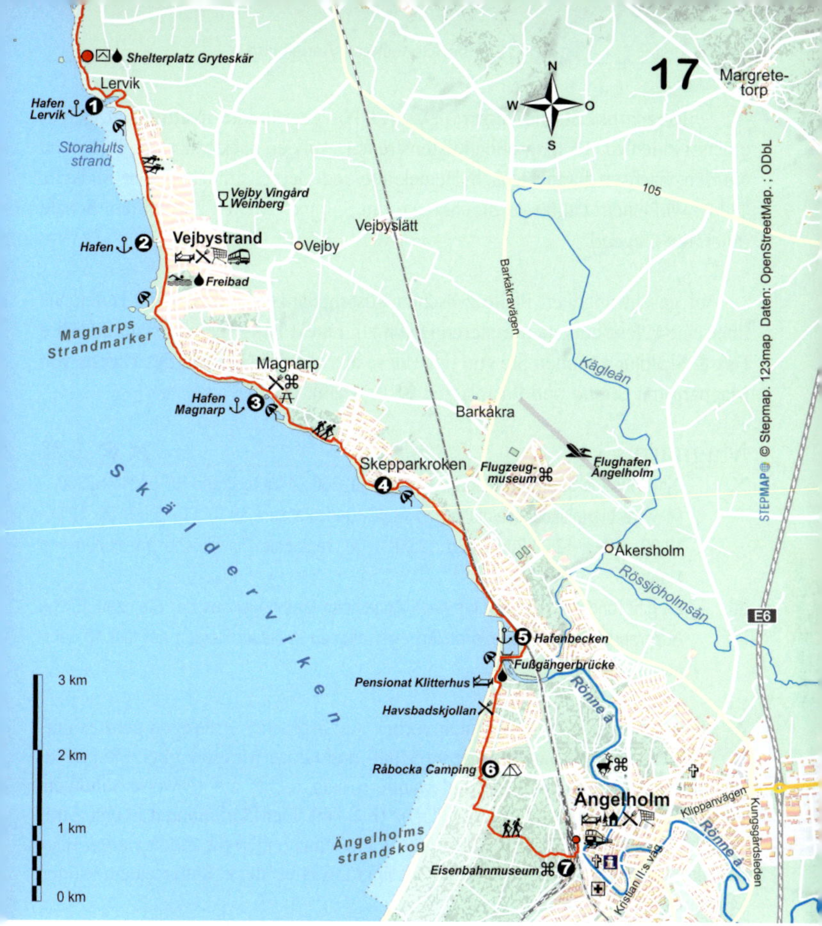
17
Shelterplatz Gryteskär
Lervik
Hafen Lervik 1
Storahults strand
Vejby Vingård Weinberg
Vejbystrand
Hafen 2
Vejby
Vejbyslätt
Freibad
Magnarps Strandmarker
Magnarp
Hafen Magnarp 3
Skälderviken
Skepparkroken 4
Barkåkra
Barkåkravägen
Flugzeug-museum
Flughafen Ängelholm
Kägleån
Margrete-torp
105
Åkersholm
Rössjöholmsån
E6
5 Hafenbecken
Fußgängerbrücke
Pensionat Klitterhus
Havsbadskjollan
Rönne å
Råbocka Camping 6
Ängelholm
Klippanvägen
Kungsgårdsleden
Kristian II:s väg
Ängelholms strandskog
Eisenbahnmuseum 7
3 km
2 km
1 km
0 km
N
W
O
S
STEPMAP © Stepmap. 123map Daten: OpenStreetMap.; ODbL

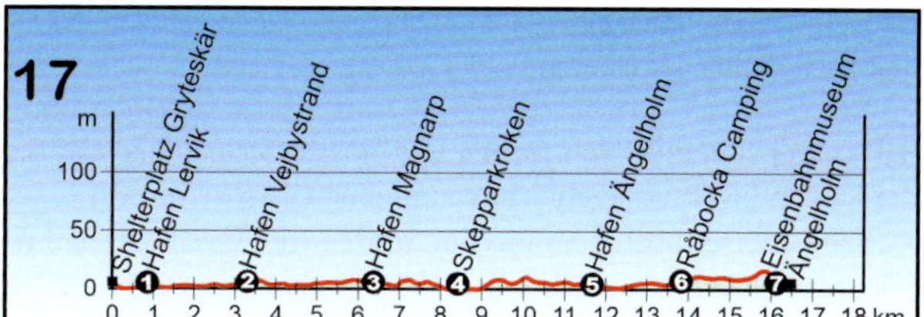
17
m
100
50
0
Shelterplatz Gryteskär
Hafen Lervik
Hafen Vejbystrand
Hafen Magnarp
Skepparkroken
Hafen Ängelholm
Råbocka Camping
Eisenbahnmuseum Ängelholm
1
2
3
4
5
6
7
0 1 2 3 4 5 6 7 8 9 10 11 12 13 14 15 16 17 18 km

❀ **Magnarps Strandmarker**: Das 2016 gegründete Naturschutzgebiet umfasst einen ca. 15 ha großen Küstenstreifen. Auf den nährstoffarmen Böden im Norden wachsen hauptsächlich Heidekraut und Beerensträucher. Der südliche Teil ist von einem Laubwald durchzogen. Im Sommer streifen Ziegen und Schafe durch die Gegend.

Auf geschwungenen Pfade zwischen Küstenpflanzen und Bäumen laufen Sie über eine Wiese auf einen weiteren Hafen zu. Direkt hinter dem Restaurant **Bjäre Fisk & Skaldjur** kommen Sie von der Wiese aus auf das Gelände des **Hafens von Magnarp** mit Strand und Rastplätzen ❸ (6,4 km).

Magnarp ✕ ⚓ ⌘

✕ **Bjäre Fisk & Skaldjur**, Magnarpsvägen 80, 266 54 Vejbystrand ☏ 0431/452300, www.bjarefiskochskaldjur.se, Mo/Di geschlossen, Mi 12:00-15:00, Do 12:00-19:00, Fr/Sa 12:00-20:00, So 12:00-15:00, regionale Fischküche am Hafen von Magnarp

⌘ Es gibt rund um das Dorf bis nach Ängelholm Grabhügel aus der Steinzeit. Einige Ausgrabungen datieren die ersten Zivilisationen in dieser Region auf fast 18 Jahrhunderte v. Chr.

Gehen Sie geradeaus am Hafen vorbei. Auf asphaltierten Wegen geht es entlang der Geröll- und Sandstrände an Schilf- und Gräserwiesen vorbei. Sie passieren einen weiteren Parkplatz und wandern halb rechts auf teilweise sandigem Untergrund durch eine bewaldete Fläche (6,8 km). Der Pfad mündet in eine Straße, die Sie aus dem Wald herausbringt. Geradeaus haben Sie einen weiten Blick auf die Bucht vor Ängelholm. Die Stadt liegt etwas versteckt hinter einem grünen Vorhang.

Hinter einer Linkskurve endet die Straße. Der Skåneleden verläuft an einigen Häusern vorbei neben einer alten Steinmauer. Gehen Sie bei der ersten Gelegenheit nach rechts auf einen breiten Gehweg (7,7 km).

☺ Der Strand ist von großen und kleinen Steinen übersät. Sie sind Zeugen der letzten Eiszeit, mitgebracht von großen Gletschern.

Die gut erreichbaren Strände im Norden von Ängelholm sind vor allem in den Sommermonaten sowohl bei den Ortsbewohnern als auch bei Besuchern sehr beliebt.

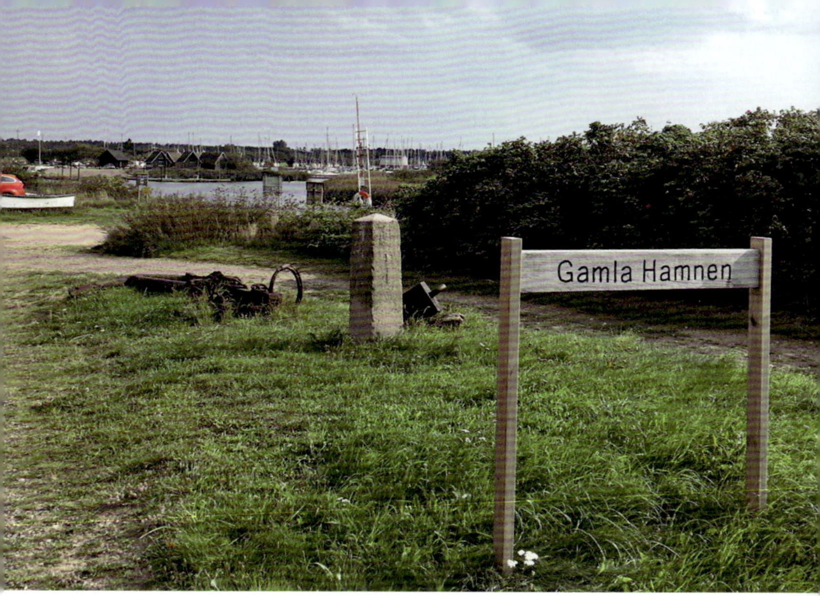

Alter Hafen von Ängelholm

An der Strandstraße spazieren Sie durch den nächsten kleinen Ort, Skepparkroken ❹.

Dann lassen Sie die kleine Bucht und den ausgedehnten Sandstrand von Skepparkroken hinter sich und spazieren weiter am Ufer entlang, bis Sie neben einer Bahntrasse ankommen. Parallel zu den Bahngleisen laufen Sie geradeaus, vorbei an einigen einladenden Badestränden, bis zum **Hafenbecken von Ängelholm** ❺ (11,6 km).

Vor einer größeren Kreuzung mit einem großen Parkplatz gehen Sie rechts an den Booten im Wasser vorbei und biegen rechts ab. Hinter einer Schranke überqueren Sie auf einer Fußgängerbrücke über die **Rönne å**. Der gewundene Fluss prägt sowohl das Stadtbild als auch das soziale Leben in der Stadt. Hier fließt er durch das Hafenbecken ins Meer.

Vor einem weiteren ausgedehnten Sandstrand gehen Sie nach links, vorbei an Duschen und Toiletten für Strandbesucher 💧 bis zu einem großen Parkplatz.

Hier befindet sich auf der rechten Seite das **Pensionat Klitterhus** direkt am Strand. Wenden Sie sich vor dem Parkplatz nach links und gehen Sie entlang der Auffahrt auf den Klittervägen. Die Straße verläuft durch ein Wohngebiet mit

Häusern, Gärten und dem Schnellrestaurant **Havsbadskjollan** geradeaus bis zum Tor des **Råbocka Camping** ❻ (13,8). Die Markierungen sind hier zwischen den Wohnmobilen und Grills etwas schwer ausfindig zu machen. Nachdem Sie die Schranke durchquert haben, gehen Sie 100 m geradeaus, bevor Sie den Campingplatz nach halb rechts in einen Wald verlassen. Sie betreten das Naturschutzgebiet **Ängelholms strandskog**.

Ängelholms strandskog ist eines der ältesten Naturschutzprojekte in Schweden aus dem 18. Jh. und bezog sich auf die Sanddünen in dieser Region. Das Gebiet umfasst eine vielfältige Landschaft. Der Waldabschnitt Kronoskogen wurde im 19. Jh. angelegt, um die Stadt vor dem Sand zu schützen. Birken und Kiefern wurden wegen ihrer Widerstandsfähigkeit gegen das raue Küstenklima gewählt. Meterhohe Sanddünen mit ihrer Vegetation ragen zwischen dem Wald und dem Sandstrand am Ufer empor. Lassen Sie sich Zeit und besuchen Sie auch den Strand am Rand des Waldes.

Auf gut markierten Wegen geht es durch einen Mischwald. Viele alte Kiefern wachsen und gedeihen in diesem Waldstück. Nach 2 km über schöne Wanderwege kommen Sie aus dem Wald heraus und überqueren nach einer Straße einen schmalen Bahnübergang. Sie befinden sich auf dem Gelände des ⌘ **Eisenbahnmuseums** ❼ (16,2 km).

Anschließend laufen Sie auf einem Gehweg durch eine Unterführung unter den Gleisen hindurch. Dahinter auf der linken Seite befindet sich der Bahnhof von Ängelholm (16,5 km), wo die Wanderung endet.

Ängelholm

Turistcenter, Järnvägsgatan 5A, 262 37 Ängelholm, ☏ 04 31/821 30, turist@engelholm.com, www.engelholm.com, Mai-Sep Mo-Fr 10:00-17:00, Sa 10:00-14:00, Okt-April Mo-Fr 10:00-17:00

HUS 57 Hotell Ängelholm-Best Western Plus, Östergatan 57, 262 31 Ängelholm, ☏ 04 31/57 57 00, info@hus57.se, www.hus57.de, €€€€€, zentral gelegenes Hotel der gehobenen Klasse mit hervorragender Küche

Pensionat Klitterhus, Klittervägen 45, 262 68, Ängelholm (direkt am Weg am Strandparkplatz), ☏ 04 31/135 30, info@klitterhus.com, €€€€-€€€€€

Ängelholms Vandrarhem, Landshövdingevägen 2, 262 52 Ängelholm, 04 31/193 35, info@angelholmsvandrarhem.se, www.angelholmsvandrarhem.se, €€

Råbocka Camping, Råbockavägen 101, 262 63 Ängelholm, 04 31/105 43, info@rabockacamping.se, www.rabockacamping.se, Hütte (für 2 P.) €€€-€€€€, Zeltplatz: €-€€, saisonale Preisunterschiede, sehr schöner Campingplatz, zwischen einem idyllischen Wald im Naturschutzgebiet vor Ängelholm und Sandstrand gelegen

Havsbadskjollan, Klittervägen 29, 262 63 Ängelholm, 04 31/191 05, Schnellrestaurant mit gewöhnlichen Speisen direkt am Weg

♦ Weitere Restaurants finden Sie im Zentrum, in der Nähe zur Kirche.

ICA Supermarket Ängelholm, Vattengatan 2, 262 32 Ängelholm, 7:00- 21:00

Ängelholms sjukhus (Krankenhaus), Landshövdingevägen 7E, 262 52 Ängelholm, 04 31/810 00, www.vard.skane.se/angelholms-sjukhus

Järnvägens Museum (Eisenbahnmuseum), Banskolevägen 11, 262 52 Ängelholm, Di-So 10:00-16:00, Juni-Aug tägl. 10:00-17:00 (Mittsommerabend und Mittsommer geschlossen), Tickets ab SEK 60

♦ **Ängelholms Flygmuseum** (Flugzeugmuseum), Drakenvägen 5, 262 74 Ängelholm (im Norden der Stadt in der Nähe des Flughafens), www.engelholmsflygmuseum.se, Anfang Juni bis Ende Aug tägl. 10:00-17:00, Tickets ab SEK 90

♦ **Gamla Rådhuset**: Das alte Gebäude aus dem 18. Jh. wurde in der Nachbarschaft der Kirche von Ängelholm errichtet und einige Male umfunktioniert. Bis zum 19. Jh. diente es als Rathaus, später auch als Wohnraum für den Bürgermeister und Standort der Touristeninformation.

Ängelholms Kirche, Järnvägsgatan, 262 32 Ängelholm. Die heutige Kirche der Stadt wurde Anfang des 18. Jh. erbaut.

♦ **Rebbelberga-Kirche**, Munka Ljungbyvägen 10, 262 44 Ängelholm. Die ursprünglich aus dem 12. Jh. stammende Kirche wurde bis auf den mittelalterlichen Kirchturm im 19. Jh. umgebaut.

Die Stadt Ängelholm mit ihrem besonderen Flair liegt versteckt an der Bucht Skäldervike im Kattegat. Der historische Stadtkern mit Einkaufsmöglichkeiten, Hotels, Pubs, Restaurants und einigen historischen Bauwerken gilt als das Zentrum der Stadt. Der Fluss Rönne å schlängelt sich durch die Stadt und schmiegt sich von drei Seiten an das beliebte Stadtzentrum, bevor er dann in Hafennähe ins Meer mündet.

Kleiner Sprachführer

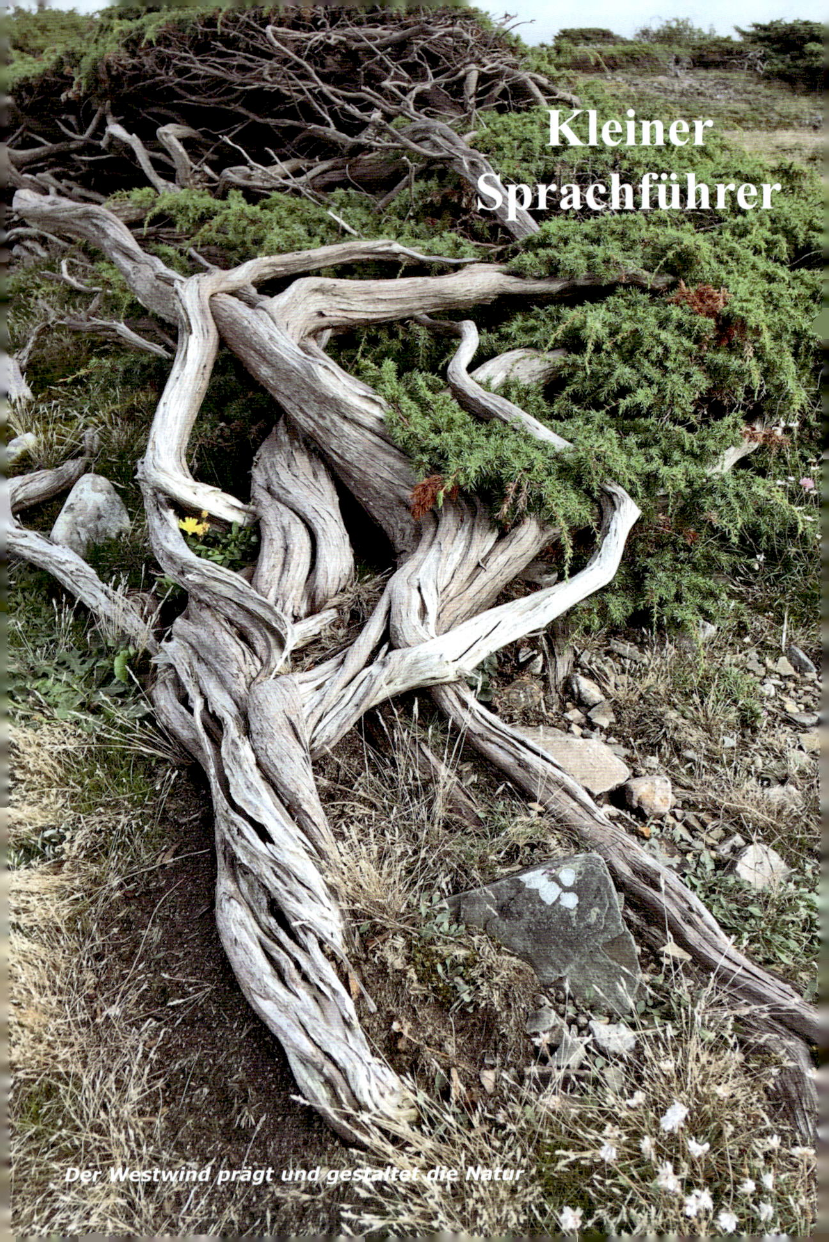

Der Westwind prägt und gestaltet die Natur

Deutsch	Schwedisch
Hallo!	Hej!
Guten Tag!	God dag!
Guten Abend!	God kväll!
Tschüss!	Hejdå!
Entschuldigung! (Verzeihung!)	Förlåt!
Hilfe!	Hjälp!
Viel Spaß!	Ha så kul!
ja	ja
nein	nej
danke	tack
bitte	varsågod
Ich heiße ...	Jeg heter ...
Ich komme aus Deutschland.	Jag kommer från Tyskland.
Was kostet ...?	Vad kostar ...?
Wo ist ...?	Var är ...?
Entschuldigung, wie komme ich nach ...?	Ursäkta, hur kommer jag till ...?
nach links	till vänster
nach rechts	till höger
geradeaus	rakt fram
umdrehen, wenden	vända
Hauptbahnhof	centralen
Zug	tåg
Fahrkarte	biljett
Fähre	färja
Gesundheitszentrum	vårdcentralen
Hotel	hotel
Herberge	vandrarhem
Pension	pensionat
Wasser	vatten
Toilette	toalett
See	sjö
Fluss	älv
kleiner Fluss	å
Bucht	vik, fjärd
Berg	berg

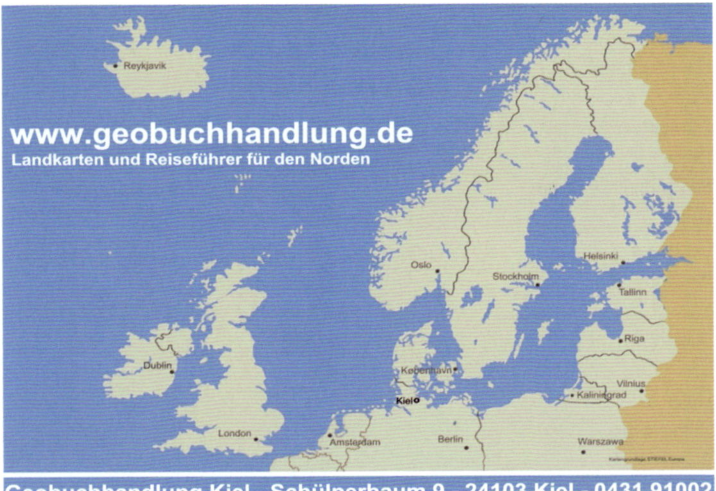
Reykjavik
Oslo
Stockholm
Helsinki
Tallinn
Riga
Dublin
København
Kiel
Vilnius
Kaliningrad
London
Amsterdam
Berlin
Warszawa

Buchtipps aus dem Conrad Stein Verlag

Schweden: Kungsleden

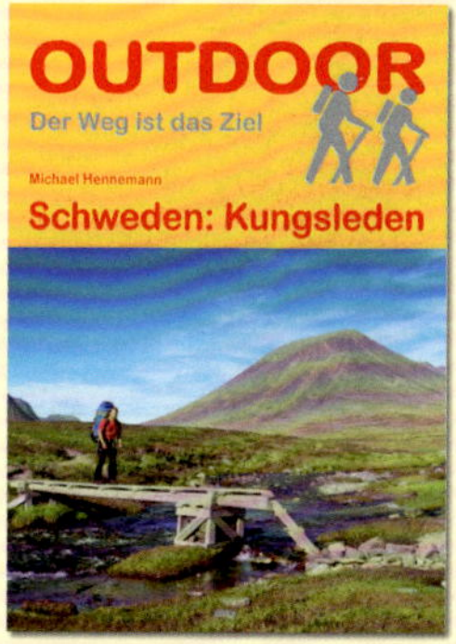

Michael Hennemann
OutdoorHandbuch Band 18
Der Weg ist das Ziel
160 Seiten ▸ 41 farbige Abbildungen
11 Kartenskizzen ▸ 10 Höhenprofile

ISBN 978-3-86686-445-0

>> NZZ:
„im Rucksack genauso nützlich wie als vorbereitende Lektüre zu Hause"

Nordkalottleden
über den E1 von Ny Sulitelma/Kvikkjokk nach Kautokeino

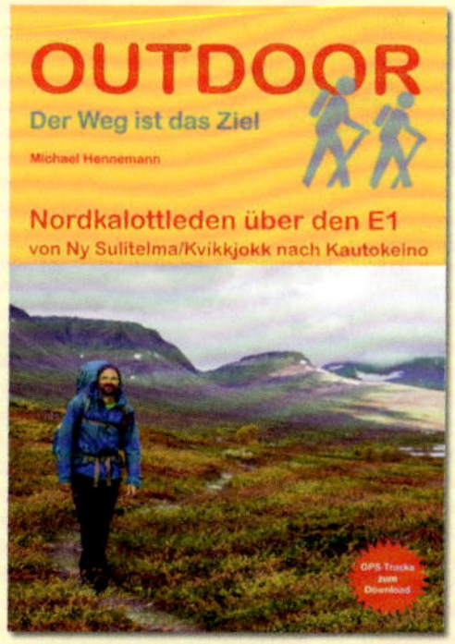

Michael Hennemann
OutdoorHandbuch Band 172
Der Weg ist das Ziel
ca. 192 Seiten ▸ ca. 50 farbige Abbildungen
ca. 12 farbige Karten und Höhenprofile

ISBN 978-3-86686-670-6

Neuauflage 2021

Schweden: Padjelantaleden

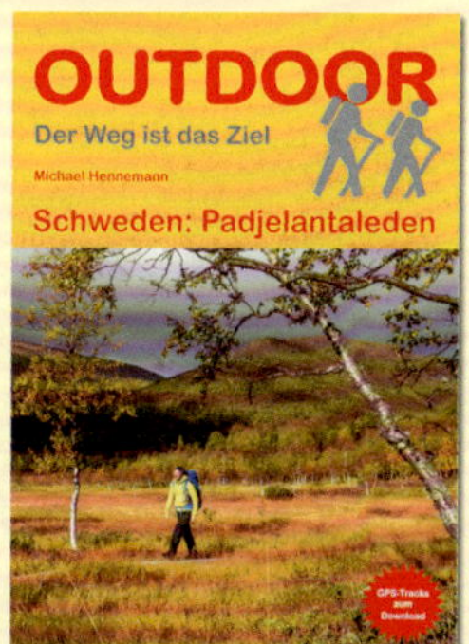

Michael Hennemann
OutdoorHandbuch Band 261
Der Weg ist das Ziel
96 Seiten ▸ 50 farbige Abbildungen
je 10 farbige Karten und Höhenprofile

ISBN 978-3-86686-533-4

>> Der 160 km lange Padjelantaleden ist der ideale Einstieg ins Lapplandtrekking. Die Etappenbeschreibung startet am nördlichen Ende des Padjelantaledens in Ritsem. So beginnt die Tour mit einer Bootsüberfahrt über den Akkajaure/Áhkájavrre und das legendäre Áhkámassiv im Sarek bildet den Auftakt für das Abenteuer Padjelantaleden.

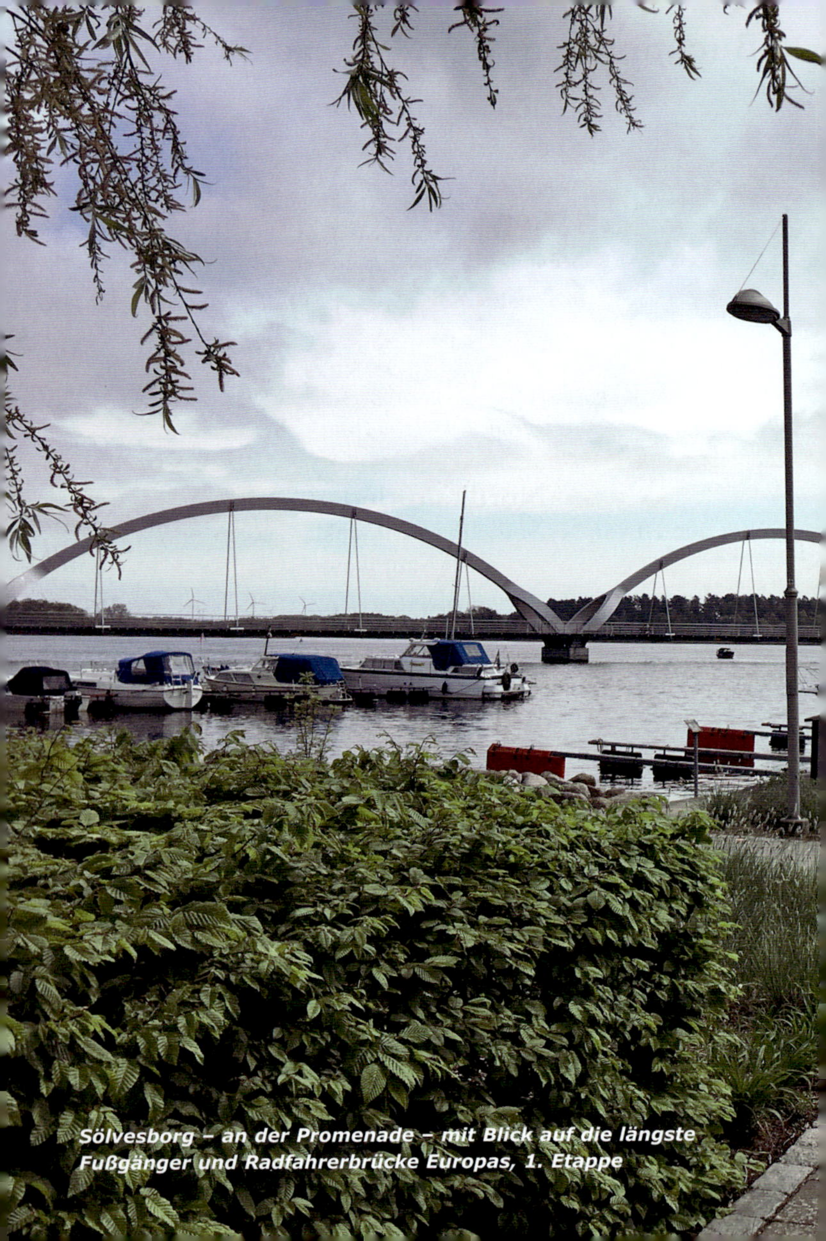

Sölvesborg – an der Promenade – mit Blick auf die längste Fußgänger und Radfahrerbrücke Europas, 1. Etappe

Index

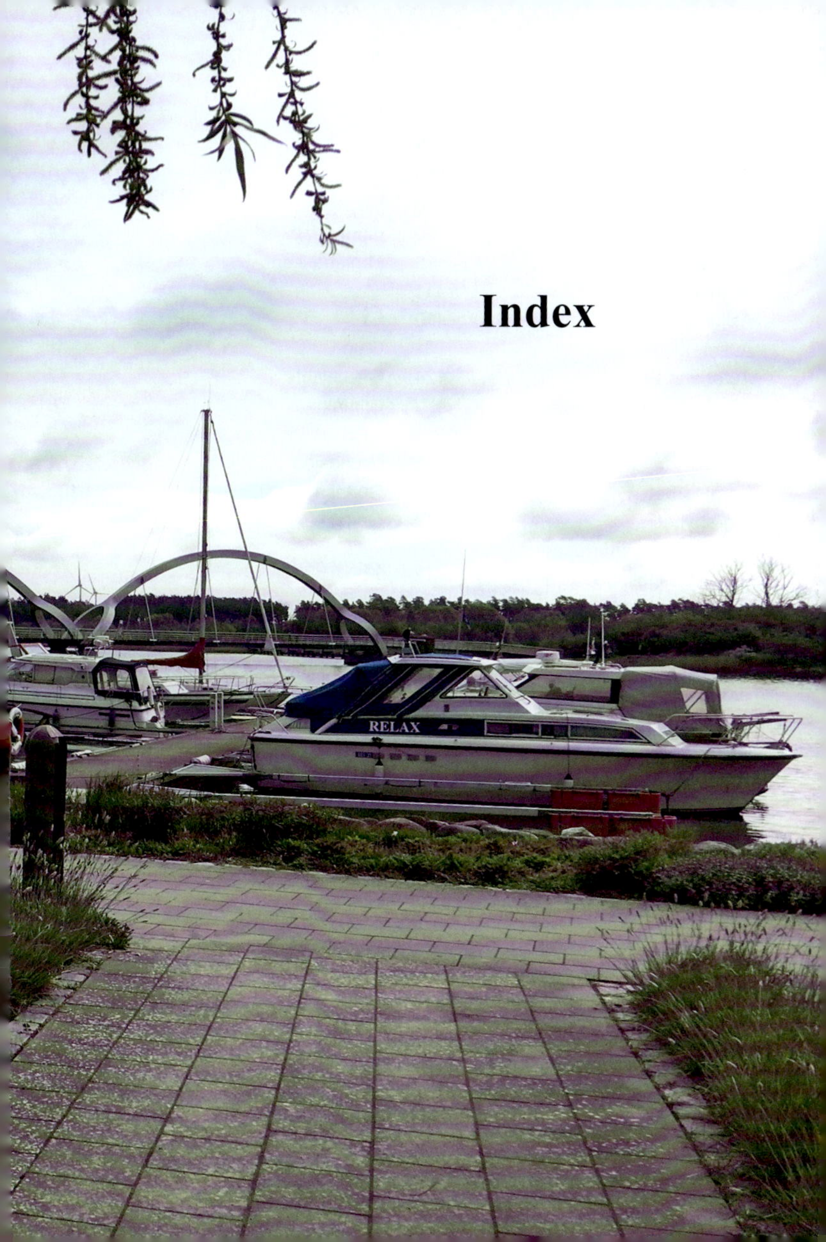

K

L

M

N

O

P

R

S

T

Schönes Bild am letzten Schienendurchgang vor dem Bahnhof in Ängelholm, der Waldgott verabschiedet sich, 14. Etappe

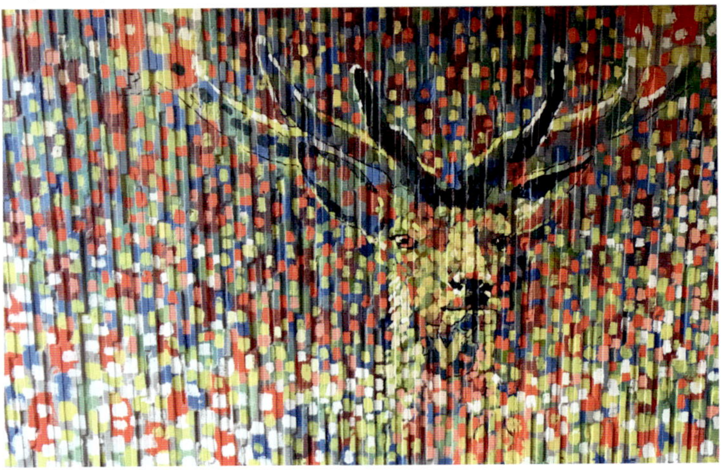